Pierre RICHARD

LE POÈTE ZÉNON-FIÈRE ET SES POÈMES POSTHUMES SUR SAINT FRANÇOIS D'ASSISE

GALERIE DROMOISE
9, Rue du Refuge, 9
VALENCE-SUR-RHONE
MCMXXVI

LE POÈTE

ZÉNON-FIÈRE

DU MÊME AUTEUR

Les Bourgeons, poèmes.

Le Moulin Rose, un acte en vers.

Fleurs Héroïques, poèmes de Guerre.

A l'Ombre des vieux Murs, impressions et souvenirs.

Le Rhône inspirateur, études et portraits.

Mélancholia, poèmes.

Similitudes, essais de critique.

Le Rêve inachevé, roman.

Les Pharmacoles, satire (Hors commerce).

Les Ballonneurs, roman sportif.

Dans la Collection de la « GALERIE DROMOISE » :

Emile Augier, dramaturge.

Louis Ageron, aquarelliste.

Le Poète Louis Le Cardonnel.

Jean-Marc Bernard, dauphinois.

Pierre RICHARD

LE POÈTE
ZÉNON-FIÈRE

ET

SES POÈMES POSTHUMES

A

SAINT FRANÇOIS D'ASSISE

GALERIE DROMOISE
9, Rue du Refuge, 9
VALENCE-SUR-RHONE
MCMXXVI

JUSTIFICATION DU TIRAGE

Il a été tiré de cet ouvrage :

6 exemplaires
sur papier du Japon, marqués à la presse de A à F.

50 exemplaires
sur papier de Hollande, numérotés à la presse de 1 à 50.

450 exemplaires
sur vergé bouffant, numérotés de 51 à 500.

N° 381

Au Poète Valentinois,

Louis LE CARDONNEL,

Prince de la poésie moderne,

Disciple et Chantre de Saint François.

Son admirateur et ami,

P. R.

Le Poète Valentinois ZÉNON-FIÈRE

ZÉNON-FIÈRE

Poète et Historien

La nature et la religion :
sources de toute poésie.

« Valence, qui descend mollement jusqu'au fleuve », enfanta le 10 décembre 1850 celui qui devait devenir un des meilleurs chantres de Saint François : Zénon-Fière.

Il était fils d'un artisan de qualité et cadet d'une famille de cinq enfants. Son père tenait atelier d'ébénisterie dans la rue Saint-James. Il apprit le métier paternel pour lequel, d'ailleurs, il n'était pas fait. Après avoir étudié le latin au Petit Séminaire de Valence[1] où il se distingua par ses aptitudes, il s'en fut à Paris à l'âge de 16 ans, sous le prétexte de servir à son père de commissionnaire en meubles dans les principales maisons du quartier Saint-Antoine, mais en réalité pour continuer ses études.

---

1. Où il fit sa Première Communion le 21 juin 1862. Il fut Confirmé le même jour par Mgr Lionnet.

Il se présenta ensuite au baccalauréat, fit son droit, fut licencié et soutint brillamment sa thèse de doctorat.

Réformé en 1870, il n'accepta pas cette décision et partit comme volontaire au Corps Cathelineau. A la même époque, son ami, l'érudit bibliophile valentinois, Victor Colomb[1], auteur de la *Petite Anthologie des poètes de la Drôme*, combattant de Montretout, lui adressait des vers ; en réponse, Zénon-Fière lui envoya l'éloquente pièce *Résurgent*, publiée dans son recueil de sonnets *Après la Moisson*.

Quelque temps après la campagne de 1870-71, il entra à titre de fonctionnaire civil, au Ministère de la Guerre où il devait remplir une longue et très honorable carrière.

Fils de ce bon peuple de France, il avait toutes les qualités de la race : la bonté, l'honneur, le dévouement. Il fut fait chevalier de l'Ordre national, puis reçut la rosette qu'il évitait d'arborer, par excès de modestie.

Homme d'étude et de caractère, dans ses loisirs il travaillait infatigablement à la poésie pour laquelle le ciel lui avait départi les dons les plus généreux. L'Histoire de France « enfouie dans les archives de nos communes »[2] l'intéressait profondément. Il suivait les travaux de son éminent compatriote A. Lacroix, archiviste départemental de la Drôme[3].

---

1. Mort à Valence, le 3 juillet 1924.
2. Aug. Thierry.
3. Décédé à Valence, le 5 juillet 1910.

Il étudia Tolstoï et le travail considérable qu'il réunit sur ce sujet est d'une profondeur étonnante. Nous avons pu en juger personnellement ayant eu en mains ses notes critiques qui, malheureusement, n'ont pas été publiées. La question du divorce l'intéressa — comme elle fit réfléchir tous les catholiques — ainsi que celle des enfants naturels devant la loi, et les conférences qu'il fit sur ces sujets brûlants sont d'une conscience et d'une indépendance dignes des plus éminents juristes.

Mais il était né poète et les vers coulaient de sa plume, avec l'aisance d'un talent de plus en plus sûr et châtié.

Les revues littéraires se disputaient ses poèmes. Il collabora à *Minerve* où écrivaient alors Huysmans et François Coppée ; à *La Revue* où sa pièce *La mort des fleurs* (Juin 1897) fut si appréciée ; puis à de nombreux bulletins religieux (Œuvre de Saint-François de Sales, Petit Séminaire, Annales Franciscaines, etc.), au *Mois littéraire et pittoresque*, au *Monde littéraire*, au *Bulletin* de notre Société d'Archéologie de la Drôme, etc. Dans la *Revue du Dauphiné et du Vivarais* il donna une curieuse nouvelle : *Le Myosotis*, « nouvelle parisienne » pleine de charme et de sentimentalité ; « conte délicieux » a-t-on dit, où il y a le regret de la petite fleur qu'on enferme dans un cœur de vingt ans ! Les *Echos de Jeanne d'Arc* publièrent un hymne à la gloire de notre Sainte nationale dont on remarqua fort le fond patriotique et religieux et la forme impeccable.

Elève de l'Ecole pratique des Hautes Etudes

(section des Sciences historiques) et de Normale Supérieure, Zénon-Fière est l'auteur de *Deux Méthodes Historiques* où il prend la défense de l'art ancien contre les méthodes nouvelles et ses raisonnements philosophiques, d'une vaste érudition, se donnèrent libre cours. Il prépara ensuite un travail sur la *Révolution devant l'Histoire* avec l'autorité de l'historien consciencieux dont la portée pouvait être considérable mais qui ne fut pas achevé. Il avait 25 ans ! La même année (1875) il fit paraître une brochure : les *Sources de l'Histoire*, dans laquelle il rend justice et défend l'œuvre considérable de M. A. Lacroix, auteur de nombreux travaux sur l'histoire locale et relève les colossales erreurs répandues sur l'ancienne France.

« Il [1] prend un barbare plaisir, dit-il, à nous arracher une à une les illusions de notre jeunesse et à lancer maintes douches glaciales sur la ferveur libérale de notre vingtième année. C'est au point que nous sommes réduits, comme Descartes, à faire table rase de nos croyances. Ainsi nous avions toujours été nourris dans la crainte des droits du Seigneur. Terreur inutile ! Nous venons de voir que ces droits s'étaient transformés de bonne heure en véritables mythes. Nous avions cru jusqu'à présent que la liberté, la justice, la science dataient de 89... Illusion profonde !... Tout cela existait avant 89. Il y avait avant 89 des savants,

---

1. M. A. Lacroix.

comme l'illustre paléographe Mabillon, dont les ouvrages sont encore classiques ; des magistrats comme le chancelier de l'Hôpital, qui savait, le cas échéant, résister au roi tout aussi bien qu'au peuple ; des réformateurs, comme Turgot et Malesherbes, qui auraient opéré sans violence, d'une manière solide et durable, toutes ces réformes que la France, égarée par les sophistes, a préféré payer du plus pur de son sang, d'une agitation de 80 années [1] et d'un avenir sans issues ; des écoles de village où les pauvres étaient admis gratuitement. Que dis-je ! nos pères du Moyen Age, qu'on nous représente comme courbés sous la plus cruelle oppression et plongés dans la misère la plus hideuse, nos pères étaient de bons paysans, de bons bourgeois, qui paraît-il, ne se laissaient pas facilement mener par le nez. M. Lacroix nous le prouve en nous donnant la traduction de deux chartes, où sont longuement énumérées les concessions faites à leurs vassaux par les Seigneurs de Châteauneuf-de-Mazenc ».

« Le voilà donc pris sur le fait ce régime féodal tant dénigré par les uns, tant loué par les autres ! Eh bien ! franchement, à la fin du XIIIe siècle, on avait des idées assez larges sur la propriété et la liberté individuelle, deux bases indispensables à tout système social quel qu'il soit... » [2]

---

1. Nous rappelons qu'il écrivait ces lignes en 1876.
2. *L'arrondissement de Montélimar* par A. Lacroix.

A l'appui des lignes que l'on vient de lire qu'il nous soit permis de citer un auteur contemporain [1] sur la même question : les sophismes où se complait la démocratie et qui est son existence même. «... Je me redis ce que démontre la contemplation de la plus modeste chapelle autant que celle des grandes cathédrales, à savoir combien est douteux le soi-disant Progrès qui nous a conduits, de l'époque où l'on construisait ces charmants ou grandioses édifices à celle où l'on ne sait même plus les comprendre — pas même les imiter — mais seulement les détruire.

« Mon Dieu ! s'il est impossible que nous voyions renaître des architectes géniaux comme ceux de ce grand Moyen Age, si méconnu par la stupidité moderne ; s'il est impossible que nous puissions retrouver — indépendamment de la foi presque universelle du peuple — ce degré d'intelligence artiste auquel atteignait sans effort le manant du XIIIe siècle ; s'il est impossible que les hommes du XXe, abêtis par la sotte vanité de leur machinisme et de leurs misérables inventions techniques, presque toujours tournées au mal, se rendent capables de seulement reproduire les modèles infiniment variés, infiniment purs, infiniment nobles, légués par les ancêtres, du moins, mon Dieu ! donnez-leur quelque conscience confuse de la beauté qu'ils méconnaissent et de la grandeur

1. Gennaro d'Ern. *L'Esprit sur les Eaux*, p. 71.

qu'ils ignorent. S'ils sont impuissants encore à rien sentir comme catholiques, qu'ils sentent du moins comme hommes, c'est-à-dire comme êtres pour qui peut exister la notion du beau, et comme Français, c'est-à-dire comme êtres que doivent toucher les formes élaborées par le séculaire travail associé de notre sol et de nos aïeux... »

En 1876, il fait paraître son premier recueil de poèmes. Ce sont des sonnets, au nombre de vingt-huit réunis sous ce titre : *Après la Moisson*[1].

Parfaitement ciselés, ces sonnets écrits dans une langue très correcte continuent sous une forme humoristique la tradition de la pléiade, avec le dernier vers lestement troussé. Sobres d'exaltation lyrique, ils gardent toujours cette pointe d'esprit mêlée à l'expression de gracieux sentiments.

Voici sa *Vocation* :

J'avais quinze ans ! et je rêvais d'être un poète
La nature épanchait en mon sein sa douceur.
. . . .
Je bus avec amour aux sources les plus vives
Et j'enfermai le monde en mon âme d'enfant !

Goûtez la mélancolie du *Départ* :

Je viens de quitter le village
Où j'ai si longtemps demeuré,
Je fais ma route avec courage
Aucun ami ne m'a pleuré.

---

1. Paris, Saint-Sever.

Voici les deux tercets de l'*Anniversaire* :

Quand l'*Angelus* du soir terminera la fête,
Songe alors, seul à seul aux pieds de l'Eternel,
Songe à ceux qui sont loin du regard paternel !

Enfin, si dans un rêve une lèvre indiscrète,
Au milieu de la nuit t'effleure en frémissant
Ne crains rien... ce sera le baiser de l'absent !

Dans le dernier sonnet dédié *au Poète* [1] :

Artiste délicat, ton œuvre te plaît-elle?

— Elle te plaît !... Alors, pareil aux demi-dieux,
Laisse les sots baver sur ta gloire immortelle
Et poursuis ton chemin sans détourner les yeux !

N'a-t-il pas raison ?
Et plus tard, ne devait-il pas écrire [2] :

.....Chante loin des profanes,
Car quels sont les trois quarts de tes censeurs ?
Des ânes !

Quelques années se passent, puis un volume important sort de chez Lemerre. Nous sommes en 1886. C'est le *Livre des Ames*, dédié à Sully Prudhomme. Ce fut son œuvre maîtresse, réunissant une cinquantaine de poèmes de divers genres, mais tous de noble et grande inspiration.

---

1. Ce sonnet est reproduit dans le *Livre des Ames* et dédié à Louis Le Cardonnel.

2. *Sous l'Eventail*, nouveau recueil de sonnets, in-8°, Paris 1878.

Voici sa confession littéraire :

Le rêve fut mon lot : par une nuit discrète,
La Nature et l'Amour, ces grands frères jumeaux
Dès l'âge de quinze ans me sacrèrent poète

. . . .

Et d'abord je connus le désespoir énorme
Où nous jette parfois l'envolement moqueur
Du concept orgueilleux qui résiste à la forme.

Mais le triomphe, un jour, rasséréna mon cœur :
Aguerri par la lutte et par les catastrophes,
Je subjugai le Beau sous le Mètre vainqueur

Et murai l'Infini dans la prison des strophes.

(Vocation).

Ce délicat poète a connu la souffrance, mais, dans sa tristesse, le ciel vient à son secours et il exprime en vers douloureux son humilité et sa foi :

Dès lors, sourd à l'appel des luxures infâmes
Je désertai le monde et vins m'expatrier
Dans l'âpre solitude où Dieu forge les âmes.

(Le Creuset).

Dans son sonnet *Consolation* il bénit les larmes :

Ces ruisseaux que Dieu nous envoie
Afin d'emporter nos douleurs.

La tristesse des soirs lui rappelle ses morts :

Et pourtant quand s'endort le grand astre inclément
L'Heure noire me hante épouvantablement.

(L'Heure noire).

Les essaims de jeunes vierges et les enfants de sa famille font vibrer son doux cœur de poète :

Ah! que ne puis-je, au moins en rêve,
Poète épris des renouveaux,
Avec le chœur des filles d'Eve,
Folâtrer par monts et par vaux!

(*Oasis*).

Sa pièce *Marmoréa* dédiée à François Coppée obtient la violette aux Jeux floraux de 1883.

L'âme éprise d'idéal, d'amour, de pitié, de générosité, Zénon-Fière allait jusqu'à l'abandon de soi-même, pénétré qu'il fut toujours de cet esprit de charité qui donne tant de poids au dogme catholique. Plus il avance en âge, plus son vers est religieux, c'est-à-dire plus beau.

Le *Chant du Cygne*[1] est un recueil d'une inspiration de plus en plus chrétienne, avec je ne sais quoi d'une teinte mélancolique et bien personnelle, une inquiétude généreuse, digne d'émouvoir.

On sent, dans ce dernier ouvrage, l'influence du doux Coppée, chantre des humbles, s'allier au mysticisme lamartinien. Mais son lyrisme est spécifiquement religieux et familial. Il dédia à la mémoire de M. le chanoine Didelot, ancien curé de la Cathédrale de Valence, une pièce *Le Bon Pasteur*, où l'on reconnait, en traits divinement simples, l'insigne bienfaiteur de la cité valentinoise.

Dans *Nostalgie*, il chante le coin natal, désirant

S'endormir dès la brume, au murmure du fleuve;
Se réveiller dès l'aube, au chant du rossignol,
Et faire sa prière en regardant Crussol.

---

1. Paris. Lemerre, 1904.

ensuite

> Au son discret et pur des cloches argentines,
> Avec les Sainte-Claire aller chanter matines

Sa charité est communicative, il rêve de

> Rôder du Pont-du-Gât jusqu'à la Porte-Neuve [1]
> En visitant le pauvre, et consolant la veuve.

puis, enfin,

> Le soir se confesser au curé de Saint-Jean.

⁂

Son ami Victor Colomb, resté au pays disait finement de lui [2] : « La nouveauté de ses aperçus, la hardiesse de ses appréciations, la vigueur satirique de son récit dénotent un talent critique, mais chut ! plus on aime quelqu'un, moins il faut qu'on le flatte, ainsi le dit Alceste dans le *Misanthrope !* »

Il vécut près de soixante ans dans la capitale où il se maria. Il eut plusieurs enfants et voyait éclore les plus chastes poèmes dans leurs yeux

> « Qui sont encore remplis des visions des cieux » [3].

Il fréquenta les petits cénacles et les revues, mais il gardait sous un masque zurbaranesque une par-

---

1. Quartiers de Valence.
2. Lettre sur le Mouvement Littéraire pour l'année 1878.
3. *Matinée de Poète.*

faite correction et une grande dignité de vie. Il ne versa jamais dans la bohême débraillée pas plus que dans la gourme pédagogique. Sa note fut nette et personnelle, sa syntaxe rigoureuse, son style toujours frappé au coin de la concision et c'est en normalien délicat qu'il écrit.

Ses *Salons* sont des modèles de style élégant et bien français... ce qui devient rare. Les Elections à l'Académie Française sont pour sa verve enjouée une occasion unique. Il a donc lancé, lui aussi, sa petite flèche à la « Grande Impassible ». L'Académie et les académisables sont critiqués avec malice et sous-entendus innocents maniés avec art. Saillies ironiques, ou allusions plaisantes, sont pleines de finesse sous leurs traits acérés.

« Depuis les temps les plus reculés, dit-il, jusqu'à nos jours, depuis Colletet jusqu'à Lecomte de Lisle, il a été de mode de faire des charges à fond de train contre l'Académie Française. Romancier célèbre ou poète en herbe, chacun y va de sa chanson, de sa satire ou de son feuilleton ; le moins qu'on puisse se permettre, c'est une épigramme en distique. Que voulez-vous ? c'est une façon comme une autre de se consoler ou de prendre patience ». Il ose ainsi courir le risque de « se brouiller avec les trente-huit vieillards qui siègent sous la Coupole, en portant atteinte au plus sacré de leurs privilèges, celui de torturer les écrivains et d'endormir les lecteurs ! »

En voici quelques exemples.

Sur M. le duc d'Audiffret-Pasquier : « Les académiciens, enchantés de n'avoir rien à lire [de ce candidat] le nommèrent à une grande majorité. Que voulez-vous ? l'unique discours était médiocre, mais les nombreux dîners étaient exquis ! »

Au sujet d'Emile Zola, il est sévère : « L'Académie Française qui a eu jadis pour buts de sauvegarder la dignité de l'art, par le souci de la forme, le culte du beau et le maintien de l'idée de Dieu, devient de plus en plus étrangère à la mission que lui avait assignée son illustre fondateur ».

Il disait cela en 1880 !

M. Charles de Mazade, rédacteur à la *Revue des Deux-Mondes* et candidat plus inquiétant « était connu que de quelques hommes graves pour avoir publié un ouvrage très grave sur la *Politique modérée pendant la Restauration* et deux ou trois articles non moins graves dans la plus grave des Revues. »

Cette gravité inaltérable lui rappelle le spirituel sonnet de Soulary :

. . . .

« Du moins sait-il charmer ? Son style est-il suave ?
Une clarté luit-elle au fond de son cerveau ?
Bagatelle ! on vous dit qu'il est grave, très grave ! »

Nous pourrions facilement rapprocher ce trait de nos mœurs actuelles en l'appliquant à certains.

Voulez-vous son avis sur le candidat Charles Monselet, poète et gourmand, romancier et gastronome ? « Lorsque vous l'invitez à dîner, il ouvre les hostilités par un sonnet sur l'*andouillette*, sur le *godiveau*, voire même sur l'animal dont il est tiré et qu'il ne craint pas d'appeler « *Cher ange !* » Néanmoins je préfère encore ses coups de fourchette à ses coups de plume ! » Et sur M. de Pontmartin : « Quoi de plus dur que d'entendre critiquer sa morale par Sainte-Beuve qui n'en avait *aucune* et par Nisard qui en avait *deux !* »

L'auteur de la *Fièvre verte* en avait des angoisses !

Goûtez l'ironie de cette appréciation sur certains salons de province dont l'actualité, nous pourrions ajouter, est toujours vivante : « Quel milieu, en effet, que ces salons de chef-lieu d'arrondissement où les plus graves vous jugent selon la facilité avec laquelle vous dissertez sur la cote des valeurs ; où les dames vous commandent des sonnets de seize vers dans lesquels vous êtes tenus de les comparer à l'étoile du soir... »

* * *

Il profita de sa retraite pour écrire encore et toujours de bien belles choses dont nous publions plus loin des extraits importants. Mais la charité divine l'étreignait. Tertiaire de Saint-François d'Assise il fit beaucoup pour son saint de prédilection : conférences, causeries, lectures, prières. La vie du Poverello était pour lui un livre où il lisait couramment les effets d'une grâce sans pareille et les miracles journaliers.

Mais le poète rejaillissait sans cesse.

Moins haut psalmiste que Louis Le Cardonnel, mais non moins lyrique en son genre et plus mystique, du jour où il s'abandonna entièrement à saint François.

Zénon-Fière a emprunté à la religion toute sa transcendance.

D'ailleurs, Louis Le Cardonnel fut dans le sillage un successeur, sinon un disciple de notre poète, ce qui ne peut que contribuer à sa gloire.

La poésie pour lui se conjuguait avec la charité et l'amour des choses éternelles. C'était avec un parfait esprit d'humilité qu'il prenait la plume dont l'unique but était de célébrer les louanges du Seigneur dans le domaine du ciel et des créatures. Et il défendait la divine et humaine poésie contre les assauts barbares :

« Notre époque, disait-il, oublie trop que les poètes ont, de tout temps, marché à la tête des civilisations ; qu'ils ont toujours conduit les littératures et donné l'impulsion aux grands mouvements intellectuels. Depuis les âges épiques jusqu'au romantisme, tous les grands siècles littéraires ont été féconds en poètes. On peut même dire qu'une langue ne progresse et ne s'enrichit qu'en raison du nombre de poètes qui la cultivent. Il suffit de réfléchir un instant pour dégager les causes de cette influence. Pour le prosateur, la forme n'est jamais que l'accessoire. Polémiste, il veut frapper fort ; orateur, il veut convaincre ; moraliste, il veut corriger. En envisageant même des genres purement littéraires, je découvre toujours chez les auteurs d'autres soins que ceux de la langue. Ainsi, le romancier monte souvent en chaire, et l'auteur dramatique a toujours soin de se ménager une tribune. L'un et l'autre, d'ailleurs, se proposent avant tout de gagner de l'argent. Pour le poète, au contraire, la forme est, sinon le principal, comme le prétend Théodore de Banville, tout au moins l'équivalent du fond. Le poète seul est le roi des mots; lui seul a le secret de ces expressions vives et sonores, qui, suivant l'auteur de *Gringoire*, « tintinnabulent comme clochettes d'or. » — En un mot, la prose, c'est le métier; la poésie, c'est l'art!

« Un des symptômes les plus alarmants pour l'avenir de la littérature française, c'est le dédain stupide que notre société de *jouisseurs* professe pour la poésie. »

Il est bon de redire ces choses de nos jours. Parmi les manuscrits laissés inédits nous avons fait un choix des meilleures pièces. Sa sensibilité s'étale avec une aisance majestueuse et simple comme tout ce qui est beau et grand.

Jugez-en !

La mélancolie des années qui fuient sous le temps implacable lui inspire ces strophes :

Ah! nous n'irons plus par les verts buissons
Cueillir le fruit d'or sur les branches souples,
Ils sont toujours verts, mais nous blanchissons
Et sous leurs rameaux passent d'autres couples.

. . . .

Il est doux au front le baiser des nuits
L'innocent sommeil, ce divin dictame
Cette mort du jour et de ses ennuis
Ce bain quotidien du corps et de l'âme.

Avec ses langueurs et ses pâmoisons
Avec ses parfums et ses cantilènes
Le soir qui s'assied au seuil des maisons
Est le grand berceau des douleurs humaines.

Nous marchons au soir, mais les yeux au ciel,
Frémissant d'amour et battant de l'aile,
Sachant que le soir grave et solennel
N'est que le frisson de l'aube éternelle.

(Chant d'automne).

Dans la *Belle de nuit*, dialogue entre la fleur et l'étoile, celle-ci console sa sœur terrestre :

Ce n'est donc point pour le désert
Que ton blanc calice intincèle :
Tu tiens ta place au grand concert
De la louange universelle.

Dans ce vaste concert d'amour
Fait de chœurs obscurs et célèbres
L'un chante l'office de jour
L'autre l'office de ténèbres.

. . . .

Au cloître où l'amour les conduit
Le front caché sous de longs voiles
Chantent d'autres belles de nuit
Plus brillantes que les étoiles.

Cette allusion aux religieuses cloîtrées est divinement exprimée. Et dans le *Cantique de l'amour*, colloque du Christ et de l'âme, ne touche-t-il pas au sublime ?

Le ciel, la terre et l'aimable nature
N'ont plus pour moi ni charme ni douceur.
Je ne puis plus revoir la créature,
Mon être entier bondit au Créateur
Dès qu'à mes yeux il découvre sa face...

Jeanne d'Arc, la Sainte de la Patrie est chantée au long d'un pur cantique[1] dans toutes ses vertus, dans toutes ses gloires :

> Elle n'a rien appris des choses de l'école,
> Tout son savoir tient en deux mots : Patrie et Dieu !

Mais l'archange saint Michel lui dit :

> Je suis l'Ange gardien qui couvre de son aile
> La Gaule verdoyante et son océan bleu
> Et je viens au secours de la France éternelle
> Qui doit durer autant que l'Eglise de Dieu
>
> . . . .
>
> En baisant le doux seuil qu'elle arrose de larmes
> Dans l'adieu furtif de la nuit,
> Elle va, chevauchant avec les hommes d'armes
> Partout où l'ange la conduit.

Le *Stabat mater* ou le *Dies iræ* aux strophes débordantes des plus purs accents évangéliques peuvent précéder la *Mort d'Abel*, grandiose et grave, dans le choix des beautés inédites.

> La mort ! c'était donc là le mot du grand mystère
> Le venin du serpent dans le beau fruit caché,
> L'anathème frappant tous les fils de la terre
> L'éternel châtiment de l'éternel péché !

Et ainsi, quelques autres essais incomplets, rimes sévères ou chants lyriques alternés de motifs mélodieux et doux comme *Une chambre de*

---

[1] Publié dans son texte primitif dans la revue : *Echos de Jeanne d'Arc*.

Jeune fille, ou bien *Les jeudis* où alternent harmonieusement les sixains :

> Vous étiez l'infini, vous étiez le voyage
> Chez les princes charmants,
> Le retour aux Edens, la fuite de la cage
> Le baiser des mamans !

Puis les *Deux frères*, *In memoriam*, *A une jeune désespérée*, *Première page d'album*, sont d'une inspiration sensiblement égale où la mélodie trouve une voie.

Suavement familiaux et mélancoliques sont les octosyllabes des *Enfants* :

> Quand les enfants sont tous petits
> Gazouillant comme les mésanges
> Les foyers sont des paradis
> Dont les mères sont les bons anges.
>
> Si même, ils passent quelques jours
> De la caresse à la morsure
> Autant en emporte l'amour
> Un baiser guérit la blessure
>
> Enfants aux yeux si doux
> Pourquoi grandissez-vous ?

Il maniait l'ironie, voire la satire avec distinction, non seulement en prose ainsi que nous l'avons vu plus haut, mais en vers charmants. Voici trois couplets de sa *Ballade de l'Ile Saint-Louis*.

> Loin des boulevards mercenaires,
> Loin des autos envahisseurs,
> Au pied des arbres centenaires
> Qui penchent leurs rameaux berceurs
> Sur les bâteaux de blanchisseurs

Trônant sans faste ni réclame
A l'ombre des tours Notre-Dame
Dans le giron du vieux Paris.
Réconfort pour le corps et l'âme
Rien ne vaut l'île Saint-Louis.

Le flot y jette d'ex-notaires
De vieux rimeurs impénitents
Des éclopés de ministères
Des tribuns battus et contents
Tout prêts à faire Quatre-Temps.
Ayant sombré dans mainte ornière
Ils font voile en fin de carrière
Sur les dogmes évanouis...
Pour songer à sa fin dernière
Rien ne vaut l'île Saint-Louis.

Les entrechats de Marianne
Ne tentent plus ces vétérans
Elle a beau danser la pavane
C'est miracle si dans leurs rangs
Elle compte deux soupirants.
Les vieux Pères-conscrits de l'Ile
Songeant aux chambards inouis
De la caverne aux quinze-mille
Préfèrent traduire Virgile,..
Rien ne vaut l'île Saint-Louis !

Au surplus, jugez du reste !

Avec la prescience dévolue aux poètes il jette en traits de feu l'anathème aux tristes auteurs de la déchristianisation française.

Ils ont dit : Chassons Le des foyers et des temples
Chassons ses prêtres du Saint-Lieu
Faisons sur des Babels plus hautes et plus amples
Une cité sans Dieu.

Gravons au frontispice : Athéïsme scolaire
Et proclamons cyniquement
Que l'école laïque est la pierre angulaire
De notre monument.

Eteignons pour régner ! Avec le Juif immonde
Baissons les lampes de l'autel
Et pour briller tout seuls, soufflons sur ce bas monde
Les étoiles du ciel.

Surtout qu'on en finisse avec ce Dieu tenace
Que l'on traque jusqu'à son nom.
Et qu'il soit expulsé comme un intrus vorace
De notre Parthénon.

Et s'il se cache encor dans quelque tragédie
Dans quelque vieux conte d'enfant,
Qu'il en soit retranché, malgré la prosodie
Par le pion triomphant.

En histoire truquons les faits, grattons les dates
Et dans un manuel tout neuf
Ecrivons que les Francs marchaient à quatre pattes
Avant quatre-vingt-neuf !

Hissons-nous des pavois sur les croix abattues
Faisons des Saints pour les faubourgs
Et que tous les bandits aient bientôt leurs statues
Sur tous les carrefours.

Canonisons le vol, le meurtre, la luxure
L'athéisme et la trahison
Jetons à nos grands morts cette suprême injure
Zola au Panthéon !

Juge, barde plus loin l'éclair de tes colères
Brandis plus haut tes châtiments
Les plus grands scélérats ne sont pas aux galères
Ils sont aux parlements !

Nous n'affaiblirons pas par un commentaire ces lignes vengeresses et combien, hélas ! toujours actuelles. Car, sans malveillance, il fut *juste* — chose, hélas ! bien rare — sachant combien les institutions corrompent les hommes.

***

C'est une physionomie de saint qui a disparu le 2 mars 1921, autant que de poète [1]. Silhouette délicate qu'on revoyait à Valence par intervalle pour la plus grande joie de ses amis. M. Louis Fière qui aimait passionnément son frère nous dit combien il avait de l'esprit, cet esprit français si fin même sous ses pointes les plus vives. Comme homme du monde, ses qualités de causeur le faisaient rechercher dans tous les milieux où ses manières simples mais distinguées étaient favorisées de la plus vive attention. Sa conversation était halurgique, disait Félix Fénéon [2]. Cela contrastait singulièrement avec les causeries banales où cependant des gens excellent à dire des riens.

A sa verve spirituelle il alliait une grande élévation d'idées que nous retrouvons dans une partie de son œuvre. La partie mystique confine presque à l'hystérie religieuse, tant elle paraît anachro-

---

1. Sa fille, Mme H. Gaume, nous écrivait dernièrement : « Les vers de mon père chantent à mon oreille comme une musique très douce... Je vous demanderai seulement de ménager la discrète modestie de notre cher défunt qui a été toute sa vie un « humble » à l'exemple de saint François son modèle ».

2. *Petit Bulletin des Lettres et des Arts*. Paris, 1886.

nique. Mais doit-on dire que les premiers chrétiens aient été des hystériques en courant au martyre?

Nous sommes heureux et fier de livrer au public ses ultimes travaux ; il honore grandement la petite patrie où le culte du souvenir n'est pas un vain mot.

Il fut un humble, d'un héroïsme caché et l'œuvre qu'il laisse parlera au cœur comme tout ce qui touchait à cette belle âme trop tôt ravie à ses amis et admirateurs.

Dans le *Bulletin de l'œuvre de Saint-François* (Mai 1921) M. C. M. écrivait : « Dieu, dans son inépuisable bonté pour son Eglise, sait lui donner les ouvriers qui conviennent au moment ; à côté des Bossuet et des Bourdaloue dont les accents éclatants ont fait retentir tout le monde chrétien, il se rencontre, mêlés à la foule, des ouvriers d'une autre sorte, mais dont l'apostolat n'aura pas été moins fécond ; notre regretté confrère, M. Zénon-Fière, était de ce nombre.

« Amené au Conseil Central, il y a six mois à peine, par un de nos doyens, il avait vite conquis les sympathies de ses collègues et notre zélé Président nous exprimait en termes émus l'impression de vrai chrétien que lui avait causée sa première visite.

« Venu des provinces dauphinoises où les anciennes traditions familiales sont restées si vivantes, M. Fière, engagé volontaire en 70, était resté à Paris après la guerre. Son goût littéraire très affiné déjà l'eût porté volontiers vers le professorat, mais le souci de son foyer récemment créé le força d'entrer dans l'administration, au Ministère de la

Guerre, où il demeura plus de trente ans, donnant à tous l'exemple d'une vie de devoir et de dévouement. Père d'une belle famille de cinq enfants, il n'eut pas le bonheur de garder longtemps auprès de lui sa jeune femme, et ce départ prématuré du foyer de celle qui tient la première place, avait laissé au cœur de notre ami une blessure qui ne se ferma pas.

«... Président de la Conférence de Saint-Vincent-de-Paul, de Saint-Louis-en-Ile où son souvenir est encore vivant, et à ce titre il écrivit un rapport où se trouvent des pages charmantes.

« Tertiaire de Saint-François, il avait compris tout de suite ce que le séraphique Poverello promettait à ses adeptes. Sa fidélité à réciter l'office lui avait révélé dès longtemps la poésie et l'éternelle vérité des psaumes dont il aimait à réciter les versets.

« M. Fière, dont la compétence littéraire était aussi grande que son jugement était sain, donnait dans ses vers l'impression d'une inspiration facile et toujours élevée ; sa modestie seule fut l'obstacle à un légitime succès.

« Sa belle conduite en 70 et ses longs et loyaux services au Ministère de la Guerre où il avait conquis le grade de chef de division, lui avait valu la rosette de la Légion d'Honneur, mais notre humble confrère n'en tirait aucune vanité et bien souvent, quand il causait à des jeunes gens, on le voyait d'un geste du bras gauche dissimuler sous un pli de son vêtement cet insigne de distinction. *Beati pauperes spiritu...* »

Le *Bulletin de l'Association des Anciens Elèves du Petit Séminaire de Valence* a publié ces lignes si suggestives. « Il n'y a pas eu de vie d'étudiant de meilleur exemple. Il n'a jamais cessé d'aimer le bon Dieu, tout en ne cessant jamais d'aimer l'étude. D'une conversation toujours très haute, il savait être intéressant toujours, soit que le tour original donné à la causerie empruntât à ses souvenirs, à sa propre culture ou aux sources religieuses, soit qu'elle gardât un reflet des milieux artistes qu'il avait traversés ; bref une physionomie de saint peu banale, esprit ouvert et conciliant pour les autres, intransigeant pour lui-même et ne dérogeant jamais aux principes qui, en plein milieu de jeunesse, au quartier latin, rendirent si remarquable l'austérité de sa vie. » Nous ajoutons : et son autorité dans les conseils.

La mort nous a révélé complètement les vertus de cette grande âme. Elle a ouvert nos yeux à la sainteté de sa vie en consacrant son génie poétique.

Nous sommes fiers de notre grand compatriote : sa gloire ne rejaillit-elle pas sur notre Religion et sur notre Patrie ?

Peut-il y avoir, ici-bas, de plus nobles passions dans toute âme bien née et qu'un Dieu seul peut récompenser ?

Valence-sur-Rhône, Avril 1926.

SAINT FRANÇOIS D'ASSISE

Prince de la Jeunesse et des Poètes [1]

Dans un des nombreux voyages qu'il faisait en Provence, un riche drapier d'Assise, Bernardone Moriconi, connut une jeune fille fort distinguée, appartenant à une famille noble du midi de la France. Déjà formée aux belles manières par la fréquentation des Cours d'amour, la jeune Pica lui plut et il l'épousa.

De cette union naquit, en 1182, un fils, François. La légende rapporte que, le jour même, un pèlerin entra dans la maison en disant : « Cet enfant doit naître sur la paille de l'étable. » On y transporte la

---

1 D'après un travail manuscrit que nous a laissé Zénon-Fière. Celui-ci, en Tertiaire savant, s'est attaché dans cette étude — canevas de plusieurs conférences données — à montrer en saint François l'artiste et le poète en insistant sur l'épisode surhumain qui est comme l'apothéose du Séraphin d'Assise et dans lequel on ne comprendrait point en lui le poète mystique, poète qui est au-dessus et au-dehors de toute littérature.

mère qui accouche heureusement. Au baptême, comme on cherchait un parrain, un inconnu se présente et le tient tendrement sur les fonts baptismaux. Le pèlerin et l'inconnu, ajoute la légende, étaient deux anges précurseurs du nouveau crucifié.

Les prêtres de sa paroisse furent ses premiers maîtres. Mais il doit sa culture poétique à sa mère qui lui apprit la langue française considérée déjà en Italie comme la plus délectable de toutes.

Par excès d'humilité, il s'est qualifié d'illettré, mais il connaissait les poètes provençaux et savait assez de latin pour comprendre les écritures saintes.

Il connaissait nos romans de chevalerie et nos chansons de geste : n'était-ce pas le bel âge de notre chanson de Roland ?

Tout jeune encore il est dans le commerce de son père un aide précieux. Il devient le commis-voyageur de la maison. De ses nombreux voyages, il avait gardé un grand amour pour la France, pour sa belle langue, pour l'aménité de ses habitants et leur culte du Saint Sacrement.

Jusqu'à vingt ans, rien ne le distingue du commun des jeunes gens. Il est tout à la joie de vivre dans sa beauté et sa richesse ; comme le poète païen Properce, son compatriote, il cueille le jour et se couronne de roses. Rien ne présage encore l'extraordinaire ascète et l'amant de dame Pauvreté.

Il s'habille même avec un luxe princier, il recherche les contrastes bizarres : par exemple, il fait coudre sur les plus riches velours des bordures d'étoffes grossières (on voit à Sienne, dans une fresque, un *condottière* à cheval, vêtu dans ce goût). Ce sont des losanges juxtaposés qui courent sur le fond riche du vêtement et l'effet en est assez décoratif.

Ce n'est pas tout : il aime à donner de grands banquets à ses amis qui sont nombreux ; les mets exquis, les vins fins, etc., rien n'y est négligé. Au choc des verres la bande joyeuse entonne de gais refrains, qu'elle continue bruyamment par les rues, troublant ainsi le paisible repos des habitants d'Assise. Ceux-ci s'en plaignent à sa mère.

Il dépense beaucoup d'argent. Il en donne et en prête à ses compagnons et il ne renvoie jamais un pauvre qui lui demande l'aumône pour l'amour de Dieu.

On n'est donc pas surpris de voir ses amis le nommer, selon la coutume, *Prince de la Jeunesse* d'Assise. On le représente en dandy charmant, en pleine apogée de sa gloire mondaine, mais déjà on découvre, à peine perceptibles, quelques traits du futur saint.

Les jours passent et ces joies faciles ne remplissent plus son âme. Il rêve mieux.

Il veut s'illustrer par la guerre, devenir chevalier, épouser une grande dame. Justement Assise et Pérouse, ces deux villes ennemies sont alors en guerre. François s'équipe entièrement et s'en va guerroyer pour sa ville natale.

Mais avant même d'avoir atteint Pérouse, il est fait prisonnier et reste un an captif.

Rentré dans ses foyers il tombe gravement malade. Toutefois, si le corps languit, l'âme se fortifie. Il ne goûte plus la même joie de vivre ; la nature ne le charme plus, il devient petit à ses propres yeux et sa conduite lui semble folie.

Cependant la santé lui revient, et avec elle les rêves de grandeur. Il prend du service sous Gauthier de Brienne qui combat pour l'Italie contre l'Allemagne. Un songe mystérieux le confirme dans son projet.

Il voit un grand palais rempli d'armes, aux murs couverts de boucliers étincelants.

— A qui ce palais et ces armes, demande-t-il ?

— A toi et à tes soldats, dit une voix.

— Bravo ! s'écrie-t-il en s'éveillant, à présent je suis sûr de devenir un grand prince.

Et le voilà qui s'équipe encore, fait ses adieux aux siens. Mais une fièvre intense le clou à Spolète.

Dans un accès il entend une voix :

— Quelle est ton ambition ?

— Devenir un grand prince !

— Mais, répond la voix, qui te récompensera mieux, le serviteur ou le maître ?

— Le maître !

— Eh bien ! pourquoi laisses-tu le maître pour le serviteur ?

— Seigneur, que faire alors ?

— Retourne à Assise. C'est là qu'il te sera dit ce que tu dois faire.

Il y revient aussitôt. Ses amis le nomment de

nouveau Roi de la Jeunesse. Il leur donne encore des banquets, mais son cœur n'est plus le même. Un soir, après un grand repas, François reste à l'écart alors que ses convives parcourent la ville en chantant.

— Pourquoi ne viens-tu pas avec nous? Sans doute tu penses à prendre femme. — Précisément dit François, mais si belle, si noble, et si riche qu'il n'y en a pas de pareille au monde?

A partir de ce jour, le monde et sa gloire s'estompent de plus en plus. Son colloque avec le Christ devient plus étroit. Les appels divins se multiplient. Un jour, le crucifix de Saint-Damien détache son bras et l'attire sur son cœur. Ce fut sa première vision. Un autre jour, alors qu'il dit au Christ : « Votre volonté, toute votre volonté ». Jésus lui répond : *Répare ma maison qui est en ruine.*

Enfin, une troisième fois le Christ lui apparait sous la forme d'un lépreux un jour qu'il traverse à cheval la plaine d'Assise. Triomphant de sa dernière épreuve, surmontant sa répugnance, il a baisé le lépreux.

Il est prêt maintenant à tous les sacrifices, mais il ne sait pas encore bien lesquels. Il cherche et c'est pour lui une grande angoisse.

Or, voici qu'un matin, à la messe de Notre-Dame des Anges, il entend, à l'évangile, le prêtre lire ces mots : « *Ne portez ni argent, ni sac, ni bâton, ni souliers, ni double vêtement.* »

A ces mots, il est frappé d'une vive lumière. — Voilà ce que je cherche ! dit-il, et passant sans transition de l'idée à l'acte, il va faire un pèlerinage au tombeau de saint Pierre.

C'est son premier exercice d'entraînement à la pauvreté. Il y jette tout son argent, se revêt d'un habit de pauvre et reste tout le jour à mendier, *en français*, sur les degrés.

Les gens d'Assise le voyant revenir maigre, défait, sordide, le huent, le traitent de fou, lui jettent des pierres.

Averti de la scène son père accourt, le sermone, le frappe et finit par l'enfermer dans une cave. Sa mère Pica vient consoler son enfant bien-aimé. Le voyant inébranlable elle le fait sauver.

Son père, qui avait toléré la haute vie de son fils dont il tirait prestige, perd alors toute mesure et lui fait un procès en restitution des sommes soi-disant détournées.

François comparait devant l'Evêque d'Assise. — « Mon fils, dit l'évêque, votre père est très irrité contre vous. Si vous voulez servir Dieu, rendez-lui tout l'argent que vous avez. »

Tout enivré de Dieu et de pauvreté, jetant argent et vêtement devant son père, qui emporte le tout d'un air furieux, François dit : « Je rends tout ce qui est à lui. Jusqu'à présent j'ai appelé Pierre Bernardone mon père, mais à présent je puis dire hardiment : *notre Père qui êtes au cieux !* »

A cette heure même il consommait son mariage avec dame Pauvreté. Ce mariage a été célébré par les trois plus grands arts : la peinture, la poésie, l'éloquence.

Bossuet : « Oh ! la belle banqueroute que fait aujourd'hui ce marchand ! »

Dante : « Tout jeune il résista à son père pour l'amour de cette femme que nul n'accueille avec plaisir. Devant la Cour des Esprits, il s'unit à elle, l'aimait chaque jour davantage. Elle, veuve de son premier Epoux, pendant plus de 1.000 ans délaissée et obscure avait attendu jusqu'à celui-ci sans être recherchée de personne. »

Giotto (Fresque de la Basilique Supérieure d'Assise où Jésus-Christ entouré d'anges et de saints, présente à François qui s'avance, ravi d'amour, la main décharnée de la royale dame Pauvreté vêtue de loques sordides).

Il s'est donné, il ne se reprendra plus.

Il habite une grotte près de Saint-Damien qu'il a réparée. Il prie nuit et jour ; il secourt les pauvres et les lépreux. Il se revêt d'un sac de bure, se ceint d'une corde et se met en marche pour prêcher la pénitence à ses compatriotes.

Pour attirer la foule, il chante des cantiques *en français* et prêche.

A chaque rencontre, son père bouillant de honte et de colère, le maudit. Lui, bon fils, en souffre, il a des nostalgies de bénédictions paternelles et maternelles. Choisissant un vieux pauvre il lui dit : « Chaque fois que mon père me maudira, tu me béniras. »

Son père lui fait dire : « Combien me vendras-tu une goutte de tes sueurs. »

Ce détachement, cette prédication, ce calme sous l'injure et les coups frappent quelques hommes :

1° Bernard de Quintavalle, illustre et riche jurisconsulte. Il veut partager ce genre de vie. — Oui, lui dit François, mais vendez d'abord et distribuez vos biens aux pauvres.

2° Sylvestre, prêtre. Ce fut la vente des biens de Bernard qui en fut cause. Ce prêtre avait vendu des pierres à François pour Saint-Damien, et le voyant donner de grosses sommes aux pauvres, il s'avance, disant : Vous ne m'avez pas payé mes pierres le prix qu'elles valent. — Bien, dit François, voilà un sac d'or ; en voulez-vous un autre ! — Il partit avec son or, mais à peine rentré, il comprit son avarice.

3° Massé, riche et savant docteur que nous allons retrouver mendiant son pain avec saint François.

4° Jean Parenti, docteur en droit, juge au tribunal d'appel. Se promenant un jour par les champs, il rencontra un paysan poussant des pourceaux vers l'étable, mais il avait beau faire, les animaux se délectaient dans le purin. — Allons, mes petits, leur dit-il enfin, rentrez vite dans votre étable, comme les juges rentrent en enfer. Et voici que les porcs se mirent à rentrer plus dociles que des agneaux. Le juge en fut saisi et se rendit le lendemain vers François.

Un an après, il a douze disciples. C'est l'Ordre à l'état d'embryon. Il pense à lui donner une règle. Outre les vœux normaux, elle contient deux nouveautés : 1° renoncer à toute propriété ; 2° vivre d'aumônes. Mais il reste à la soumettre au Pape. Comment ce grand pape, Innocent III, recevra-t-il ce pauvre, ce simple, cet ignorant, qui se prétend fondateur d'ordre ?

Dieu y a pourvu. La nuit, en songe, le pape a vu le clocher de Saint-Jean de Latran prêt à tomber par terre ; alors un homme pauvre, chétif, s'est avancé et l'a soutenu sur son épaule.

Le lendemain, François est introduit. — C'est lui ! s'écrie le pape.

Mais il est frappé de la sévérité de cette règle, quant à la pauvreté.

— Mais de quoi vivrez-vous, objecta-t-il ?

— J'ai confiance, en Dieu, répond François, il ne nous refusera pas le pain du corps.

— Allez, dit le pape, et prêchez à tous la pénitence.

Voilà la petite armée prête au combat. Elle a son chef, son code, sa bannière, la Croix ! De l'humble chapelle de Notre-Dame des Anges, le porte-étendard du Christ va le lancer à travers le monde à la conquête des âmes. On le voit chétif, loqueteux, évangélisant chrétiens et païens, prêchant renoncement et pénitence, chantant sur les routes des cantiques italiens et français, disant à tous : « Nous ne sommes que les musiciens du Bon Dieu et nous ne voulons pour salaire que la pénitence des pécheurs ».

A cette voix brûlante d'amour, les peuples accourent, les riches vendent leurs biens et suivent le Hérault du Christ comme il aime encore à se nommer. Après dix ans, ils sont cinq mille au Chapitre des nattes, ainsi nommé parce que les religieux y campaient dans la plaine, sous des abris faits de branches et de nattes. Ce qui faisait dire au pape Grégoire IX : « Oui, c'est vraiment ici que se trouve le camp et l'armée des chevaliers de Dieu ».

Dix années s'écoulent encore et c'est une armée de cinquante mille frères que le Pauvre d'Assise jette sur l'Europe et l'Asie.

Quelles audaces d'apostolat et quels gestes d'épopée !

Il les envoie deux par deux, nu-pieds, sans argent, dans des pays dont ils ne connaissent ni les mœurs, ni la langue.

Il court lui-même au martyre comme un insensé, dit Bossuet. Il veut convertir l'Infidèle. Et quel infidèle ! Le Soudan d'Egypte avec qui les Croisés sont en guerre. On lui représente le danger. Rien ne l'arrête.

Fondation des Trois Ordres, — Mineurs, Clarisses, Tertiaires — voyages et prédications, gouvernements temporels et direction d'âmes, extases et miracles, toute cette vie n'est faite que de prodiges.

***

Les deux dernières années de sa vie furent douloureuses : souffrances du corps macéré et exténué, souffrances même de l'âme, car il voyait l'Ordre s'écarter de la pauvreté première.

Le temps des douces joies était passé. Il n'avait plus qu'à souffrir. Il résolut de le faire dans la solitude.

On avait donné à l'Ordre un plateau rocheux au sommet de l'Alverne. Il s'y rendit avec frère Léon. Une fois en haut, comme il se reposait sous un chêne, une foule d'oiseaux l'entourèrent et chantèrent. Il en avait sur la tête, les épaules, les genoux et les mains. Il était ravi : « Je crois qu'il est agréable à Notre-Seigneur Jésus-Christ que nous occupions cette cime, puisque nos frères les oiseaux se réjouissent si fort de notre arrivée ».

Comme pour trouver l'idée mère de cette retraite fermée qu'il avait méditée dans cette nouvelle vie, il ordonna à frère Léon d'ouvrir trois fois l'Evangile au hasard, en l'honneur de la Sainte Trinité. Léon obéit et chaque fois il ouvrit le livre à la Passion. François comprit. Il ne lui restait plus qu'à souffrir. Il se résigna et vécut dans cette cellule jusqu'à l'Assomption.

Mais il était encore trop près de la terre.

Ayant exploré le site, il remarqua, au-delà d'une profonde gorge un îlot de rocs inaccessible. Il fit jeter un arbre en guise de pont par dessus l'abîme et s'y rendit. C'est là qu'il s'installa pour y vivre avec Dieu. Frère Léon seul y viendrait deux fois par vingt-quatre heures : le jour, pour le pain et l'eau, la nuit, pour matines.

Il avait un mot de passe ; si François répondait,

Léon pouvait traverser le pont. Pendant plusieurs jours, tout alla bien, mais une nuit, comme Léon avait dit le mot de passe, François ne répondit pas. Après avoir longtemps hésité, Léon franchit le pont, mais nulle part à travers les arbres, il ne vit le saint. Enfin, il entendit un murmure et, guidé par le bruit, il découvrit François agenouillé les bras en croix, les yeux au ciel, répétant constamment ces mots : « Que suis-je et qui êtes-vous, Seigneur ! »

Léon froissant du pied des feuilles sèches éveilla François qui s'écria : Qui es-tu ? — Et Léon tremblant : C'est moi, Léon.

François vexé, mais très doux, lui dit : « Petite brebis de Dieu, pourquoi viens-tu m'épier. Ne te l'avais-je pas défendu ? »

Les jours et les nuits passèrent. La fête de l'Exaltation de la Sainte-Croix approchait.

De tout temps, le divin Crucifié avait été la forme la plus constante de son adoration. Pénétré plus que jamais du grand mystère, le matin du 14 septembre avant l'aube, tourné vers l'Orient, il priait, les bras en croix, demandant au Christ deux grâces avant de mourir.

1° Ressentir dans son âme et dans son corps les souffrances de la Passion.

2° Ressentir cet amour démesuré dont brûlait Jésus et qui l'a conduit à vouloir tant souffrir pour les pécheurs.

Le Christ lui promit cette double grâce.

Il s'absorba alors de plus en plus dans l'ardeur et la compassion et le feu de l'amour devint si fort qu'il se sentit tout à fait changé en Jésus crucifié.

Pendant qu'il était agenouillé, voici qu'il vit descendre vers lui un séraphin avec six ailes étincelantes qui présentait l'image d'un homme crucifié. Deux ailes s'élevaient au-dessus de la tête, deux autres s'étendaient pour voler et les dernières recouvraient le corps.

Devant cette extraordinaire apparition, François fut tout à la fois rempli de joie et de douleur. Après un mystérieux tête à tête, pendant lequel le séraphin dardait des traits étincelants sur les mains, les pieds et le cœur de François.

Sur le corps du Saint apparurent les cinq plaies du Christ. Dans ses mains et ses pieds on vit peu à peu se former comme des clous, faits de ses nerfs, qui semblaient les transpercer. Les têtes des clous étaient à l'intérieur des mains et sur les pieds et les pointes ressortaient de l'autre côté où l'on pouvait poser le doigt.

Les clous avaient une tête ronde et noire.

Pareillement sur le flanc droit du Saint, l'image d'un coup de lance, comme une cicatrice mais toute rouge et sanglante.

Le jour suivant, Léon lui trouve un visage tout transfiguré. Il comprit que des choses extraordinaires venaient de se passer. Avec la douce insistance de l'ami, il le pria de les lui raconter pour la plus grande gloire de Dieu.

Les traits du Saint exprimaient l'extase et la

souffrance. Il cachait avec soin ses mains et ses pieds. Tout ce qu'il put en tirer, ce jour-là, ce fut des paroles entrecoupées et des fortes images qui sont devenues le *Chant de la fournaise*.

*
* *

Quand on étudie la jeunesse des poètes, on voit en général trois influences présider à leur formation : La mère ; le milieu moral ou intellectuel ; le milieu matériel. Ces trois éléments se retrouvent dans la formation poétique de saint François, ajoute Zénon-Fière, pour qui la vie du *Poverello* n'a pas eu de secrets.

1° Sa mère Pica était une femme pieuse et tendre, brutalisée par son mari, qui avait reporté sur son premier né le trop plein d'un cœur incompris.

Elle a exercé sur lui une influence à la fois religieuse et littéraire. *Religieuse*, par sa tendre piété. Ne lui avait-elle pas appris — comme toutes les mères — à joindre les mains, à dire *Jésus-Marie* et à réciter les premières prières que l'on oublie jamais parce qu'on les rattache aux plus doux souvenirs ? *Littéraire* par son éducation provençale. N'oublions pas que la Provence avec ses troubadours était alors l'un des pays les plus civilisés de l'Europe.

2° *Le milieu intellectuel* : La mère a besoin d'être complétée comme éducatrice. Quand Pica se jugea insuffisante, elle conduisit François à l'école tenue par les prêtres de Saint-Jean. Il y apprit tout ce qu'on apprenait alors aux fils de famille qui n'aspiraient ni à l'Eglise, ni au droit. François s'est souvent qualifié d'illettré. C'est excès d'humilité. Outre sa langue il savait le français et assez de latin pour comprendre les livres saints. De plus il était nourri de nos principaux chefs-d'œuvre qui contribuèrent plus tard à sa formation littéraire quand il aura à faire œuvre d'orateur, de conteur et de poète.

3° *Milieu matériel :* Il fut splendide chez François, villes ou campagnes influent sur la nature impressionnable des poètes.

Le lyrisme d'un Chateaubriant, d'un Lamartine, d'un Werdsworth est tout différent de celui d'un Victor Hugo, d'un Musset ou d'un Baudelaire. Très vif chez Lamartine le sentiment de la nature est presque nul chez Hugo et tout à fait nul chez Musset et chez Baudelaire fils anémiés des capitales.

François est né, il a grandi, il a rêvé, il a vibré dans un des plus beaux sites de l'Italie. Les peintres et les poètes ne nous ont-ils pas fait contempler du haut de la portioncule, depuis que Saint-François est à la mode, ce délicieux paysage qu'est le val d'Assise.

« Ce vaste encadrement de cimes pittoresques
De vignes, d'oliviers, de bois et de ruisseaux
Où gazouillent nos petits frères les oiseaux ».

Enfin une autre influence — exceptionnelle celle-là — agit sur François et le sacre poète. C'est la Sainteté. Les saints sont tous poètes, mais ils n'ont pas le temps d'écrire leurs poèmes, *ils les vivent !* Leur esprit non obscurci par les sens voit mieux le *beau* et leur cœur, qui n'a point dispersé sa flamme, est un foyer plus intense d'admiration et d'amour. Le saint voyant mieux le *beau* il l'aime, l'admire davantage et l'exprimera avec plus d'enthousiasme dans le style et plus de fougue dans les images.

Cette vallée splendide, après l'avoir parcouru enfant avec sa mère, jeune homme avec ses amis, François la parcourt maintenant seul avec Dieu. Que de choses, il y voit, qu'il n'y voyait pas nagnère ?

Il voit Dieu d'abord, puis le lien qui rattache l'homme à Dieu et celui qui rattache les créatures entre elles. Il admire l'Ouvrier, il admire l'Œuvre. La nature est pour lui une échelle où il ne fait que monter et descendre allant des créatures au Créateur, du Créateur aux créatures. Il voit que Dieu est beau et bon, que les créatures sont belles et bonnes, qu'elles sont comme nous sorties du même père, que les astres, les fleuves, les plantes, les animaux sont nos frères et nos sœurs. Et de cette contemplation muette, de cet enthousiasme profond, jaillit tout à coup (car si l'homme ne chantait pas il mourait) un cantique débordant de louange et d'amour comme le *Cantique du soleil et des créatures.*

Donc, ces influences ont constitué le plus admirable tempérament de poète qui fut jamais. Il est plus que poète, il est la poésie même, il est l'hymne vivant, perpétuel, débordant. Il est créateur des poètes et des artistes.

Attitudes, gestes, entretiens, prières, miracles, tout sera chez lui sujet de poème ou de tableau. Comme autrefois le prince de la jeunesse, il jette des diamants bruts à pleines mains. Les taillera qui voudra.

De là l'immense influence excercée par lui en peinture et en poésie.

En peinture, il infuse une sève nouvelle et la fait passer du hiératisme bizantin figé à la plus splendide floraison d'idéal. Avant lui, l'art n'était qu'imitation et sans vie. François fait de grands gestes, de grands actes ; il convertit, il pacifie, il conquiert. Vivant, sa popularité est immense. A peine mort il est canonisé et de partout les églises s'élèvent en son honneur. Les artistes sont appelés à les décorer et alors quelle variété de sujets s'offre aux pinceaux des Cimabué, des Giotto, des Fra Angelico !

En poésie, il est le premier à écrire en langue italienne avec le *Cantique du Soleil*. C'est en souvenir de ce Cantique que le Dante, qui avait commencé sa *Divine Comédie* en latin se décide à l'écrire en vers italiens. Ce qui a fait dire à Léon Gautier que « sans saint François Dante n'eut pas existé ».

Il y a dans l'œuvre du Saint tous les genres de Poésie :

1° *La poésie pastorale* : chant alterné, comme dans les psaumes et les idylles. A cet ordre appartiennent l'*Office des Humbles*; la *Joie parfaite*; le *Sermon aux oiseaux*; la réponse à l'Echo : *Pleurons*, le délicieux nocturne, dans une halte le soir au coin d'un bois. Ils se sont assis frère Léon et lui, et rêvent. Soudain dans la nuit qui tombe avec son mystère, un chant ravissant monte vers le ciel. Ah ! dit le Saint, notre petit frère le rossignol est plus pieux que nous. Il dit son office et nous ne pensons pas au nôtre. Je vais lui donner la réplique.

Alors, à chaque pause du rossignol, François reprend le chant de louange. Et ainsi jusqu'à ce que le Saint fût exténué. — Tu as vaincu petit frère ; tu es plus digne que moi de chanter la louange de Dieu. Viens ici que je te bénisse.

L'oiseau descendit, se posa sur la main du Saint et ne repartit que lorsqu'il en eut reçu la permission.

2° *Poésie lyrique* où nous pouvons classer le *Cantique du Soleil*, le *Sermon aux oiseaux* et la *Prière à la Pauvreté*.

3° *Poésie dramatique*, avec les épisodes de sa conversion, son procès devant l'Evêque, alors qu'il renonce à son père de la terre pour son Père du ciel.

4° *Poésie narrative*, contes et légendes. La *Conversion du loup de Gubbio*; le *Songe du Frère Léon*; la

Mort de l'avare, qui ne veut pas restituer pour ne pas dépouiller ses enfants (thème qui semble avoir inspiré à Tolstoï un de ses contes les plus intenses) : le *Repas de Saint François et de frère Massé*, sur la montagne après la quête du pain, etc.

Il n'est pas jusqu'à ses miracles qui ne soient matière à poésie. Il ne les fait pas comme les autres ; il y met un charme et une poésie qui est comme sa marque. Tels sont le miracle de la *Vigne du curé de Rietti*, celui de la *Pomme* à Gaëte.

5° Enfin, *poésie mystique*. C'est qu'il est le plus grand, au dessus et en dehors de toute littérature. Voyez le *Chant de la Fournaise* et celui de l'*Amour* qui est un dialogue entre le Christ et saint François.

Un an après les stigmates saint François s'éteignait à Assise. De ses derniers jours, tous les gestes, toutes les paroles sont encore des poèmes. Il se fait transporter mourant sur le plateau qui domine la ville et la bénit. Il se confesse d'avoir trop maltraité son frère le corps et d'avoir médit de sa sœur la fourmi. Il trouvait en effet la fourmi trop accapareuse, manquant de confiance en Dieu, tandis qu'il admirait l'alouette qui, sitôt le grain saisi au vol sur la gerbe, s'élance au plus haut du ciel pour jeter son merci joyeux au Dieu qui le lui a donné.

Aussi à son agonie, d'innombrables essaims d'alouettes venus de tous les points du ciel se mirent à tournoyer autour du couvent en chantant et en pleurant leur poète et leur ami.

***

Depuis, combien de poètes ont chanté le pauvre d'Assise ! Parmi les contemporains sacrons Zénon-Fière, qui a si profondément compris sa vie et trop peu connu jusqu'à ce jour, un des premiers avec notre grand compatriote Louis Le Cardonnel, son ami.

Signalons, pour l'histoire, l'œuvre également belle en des genres divers, des Verlaine, des Ozanam, des Francis Jammes, des Johannès Joergensen, des Emile Ripert, des Henri Ghéon, et tant d'autres connus ou inconnus !

Maintenant, tournez la page et lisez l'œuvre splendide que nous a laissée notre poète.

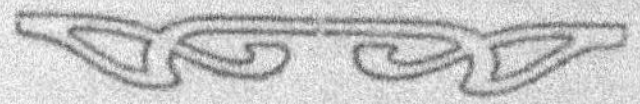

A SAINT FRANÇOIS D'ASSISE

POÈMES

C'EST grâce au poète Louis FIÈRE, son frère, que nous pouvons publier ces *Reliquiæ*. Nous sommes heureux de le remercier publiquement de sa collaboration, tout en regrettant qu'il reste encore inédit pour son propre compte.

Le Roi de la Jeunesse

Ducs et barons, mandez vos hérauts et vos pages,
Ponctuez les bravos, sonneurs et timbaliers,
Jeunes filles, parez de fleurs vos blancs corsages,
Voici le roi des bacheliers.

Toque en l'air, plume au vent, fraise au point de Venise
Dague d'or soulevant sa basque de velours,
Il va caracolant par les faubourgs d'Assise
Au son des cors et des tambours.

Proclamé par ses pairs prince de la jeunesse,
Sur un blanc palefroi par le peuple escorté,
Il passe saluant avec des airs d'Altesse
Les bons bourgeois de sa cité.

C'est le roi qu'on acclame et le roi qu'on dépouille,
Le pauvre et le rôdeur sont ses cousins germains,
Il tient pour avéré qu'un ducat craint la rouille
Et jette l'or à pleines mains.

Roi, c'est en s'abaissant que sa grandeur s'affirme ;
Il ouvre bourse au pauvre et refuge au proscrit,
Il presse sur son cœur le lépreux et l'infirme,
Ambassadeurs de Jésus-Christ.

La chaleur d'un banquet l'excite et le transporte,
Il y chante gaiement du soir jusqu'au matin,
Mais si le mendiant vient frapper à sa porte,
Il en fait le roi du festin.

Ceint d'un brocart où l'or alterne avec la bure,
Il chevauche en dandy fantaisiste et charmant.
On dirait un baron à son investiture,
Un duc à son couronnement.

Son père l'en reprend, mais en dépit du ladre,
En costume ducal il se rend au Saint Lieu
Disant qu'un bon chrétien doit mettre en un beau cadre
La vivante image de Dieu.

Au comptoir paternel cher aux dames romaines,
Il habille à ses frais la veuve et l'indigent
Et jette aux quatre vents des misères humaines
Pièces de drap et sacs d'argent.

Son père Bernardon, le drapier magnifique
Que ses trafics lointains ont fait riche et puissant
Dit qu'il n'a jamais vu, depuis qu'il tient boutique,
Un aussi piètre commerçant.

Il déclare d'ailleurs à Pica son épouse
Que ce beau fils rêvant croisades et combat
Finira quelque jour aux portes de Pérouse
Dans la prison du podestat.

Mais sa mère Pica, plus douce au fils prodigue
Et dont l'œil voit plus clair dans cette âme de feu
Soutient que l'heure est proche où ce torrent sans digue
Débordera d'amour de Dieu.

Prière de Saint François d'Assise

pour obtenir la Pauvreté

Indiquez-moi, Dieu de bonté,
Le toit sans porte et sans fenêtre
Qu'habite Dame Pauvreté.

Il fut dit aux Juifs nos ancêtres :
Tout ce qu'auront foulé vos pieds
Vous en serez les rois et maîtres.

Or, monde, gloire, vanité,
Pour vous, elle a tout rejeté.
Elle est donc Reine universelle.

Et moi, son amant éperdu,
Pour la suivre j'ai tout vendu,
Mais c'est en vain que je l'appelle!...

O Dieu, qui voyez mon tourment,
Ayez pitié d'un pauvre amant
Qui meurt d'amour loin de sa Dame

J'en meurs.., et vous le savez bien
Puisque ce feu que j'ai dans l'âme
C'est de vous seul que je le tiens.

* * *

Mais le plus cruel de l'épreuve,
C'est de voir ma Reine d'amour
Se lamenter comme une veuve
Sur le fumier du carrefour.

Tous ses époux sont infidèles,
Elle n'ose tendre la main,
Les chiens du riche aboient contre elle,
Elle est l'effroi du genre humain.

Pourtant, malgré sa pénurie,
Elle est la Reine des cités.
Elle a la haute seigneurie
De tous les fiefs qu'elle a quittés.

C'est épris de son charme austère
Qu'un jour vous êtes descendu
De la droite auguste du Père
Pour nous rendre l'Eden perdu.

Depuis, dans vos courses sans nombre,
Vous sevrant de toutes douceurs,
Elle vous suivit comme une ombre
Avec l'escorte de ses sœurs.

A Bethléem, son air minable
Vous fit d'abord si mal juger
Que nul ne voulut vous loger,
Sauf l'âne et le bœuf de l'étable.

Au sortir du sein virginal,
Elle vous reçut dans la crèche
Et vous coucha tant bien que mal,
Dans un berceau de paille fraiche.

Votre lange était trop étroit,
Vous n'y pûtes faire aucun somme
Et vous y seriez mort de froid
Sans ces dignes bêtes de somme.

Bref ! elle sema sous vos pas
Tant d'affronts, d'exils, de tempêtes,
Que bien souvent vous n'eûtes pas
De pierre où reposer la tête.

Au jour de vos combats célèbres,
Pour le rachat de vos cités,
Contre le prince des ténèbres,
Elle marchait à vos côtés

Dans la panique universelle
Quand fuyait la garde d'honneur,
Bon écuyer toujours en selle,
Elle veillait sur son Seigneur.

Même au plus fort de vos supplices,
Sur le calvaire ensanglanté,
Vous avez eu les bons offices
De Madame la Pauvreté.

La Vierge Marie elle-même,
Si forte et si tendre à la fois,
Ne put pour le baiser suprême,
Se hausser jusqu'à votre croix.

Mais la Pauvreté d'un coup d'aile
Vint s'y poser pieusement
Et vous n'avez jamais eu d'elle
De plus intime embrassement.

Sur l'établi de son échoppe,
Elle charpenta votre croix
Sans l'aplanir à la varlope,
Sans même en équarrir le bois.

Quand aux clous qui vous y fixèrent,
En vous transperçant quatre fois,
On dit qu'en économe austère,
Elle n'en prépara que trois.

Qu'elle vous les forgea sans crainte,
Se garda bien de les polir,
Eut soin d'en émousser la pointe
Pour qu'ils vous fissent mieux souffrir.

Lorsque vos soifs de corps et d'âme
Jetant au ciel leur cri perçant
Imploraient de ce peuple infâme
Le breuvage rafraichissant.

Par ses pieuses industries,
Elle fit tant que le bourreau
Avec d'atroces moqueries
Vous refusa la goutte d'eau.

Et dans l'immense clameur juive
Prit plaisir à vous présenter
Une boisson si corrosive
Que vous ne pûtes y goûter.

Et le soir, quand fuyaient les Douze
C'est dans l'embrassement étroit
De cette inséparable épouse
Que vous êtes mort sur la Croix.

Mais cette compagne fidèle,
Sans s'attarder à défaillir,
Ne s'en remit à d'autres qu'elle
Du soin de vous ensevelir.

Vous eûtes le tombeau du riche,
Mais d'après ses accords secrets
Parfums, suaire, langes, niche,
Tout ne fut qu'à titre de prêts.

A Pâques, au jour de votre gloire,
Vous fûtes encore assisté
Avec un zèle méritoire
Par Madame la Pauvreté.

Elle plia suaire et langes,
Aux bienfaiteurs rendit leur bien
Et s'entendit avec les anges
Pour que son Dieu n'emportât rien.

Mais elle, vos bras l'emportèrent
Dans le tabernacle éternel
Laissant le terrestre à la terre
Emportant le céleste au ciel.

Là, comme palme du martyre,
Votre divine Majesté
A remis le sceau de l'Empire
A Madame la Pauvreté.

Elle y dispose de vos grâces
Marquant de son divin cachet
Quiconque marche sur vos traces
A la conquête du parfait.

Qui ne serait donc tout de flamme
Pour si grande et si noble Dame
Qui ne vendrait parc et château
Pour s'enrichir d'un tel joyau ?

Exaucez, très pauvre Jésus,
Cet humble vœu d'un cœur sincère
N'avoir jamais de superflu
Et pas toujours le nécessaire.

Ah ! montrez-moi, Dieu de bonté,
Pour y mener mes brebis paître,
Le toit sans porte et sans fenêtre
Qu'habite Dame Pauvreté !

Le Torrent

Au temps où saint François, plein d'œuvres et de jours,
Bénissait de son lit Assise et ses faubourgs,
Léon qui le veillait comme un ange fidèle
Eut un soir une vision surnaturelle.

Le char d'Ezéchiel aux rapides coursiers
L'avait conduit au bord d'un torrent des glaciers
Emportant tous ses ponts dans sa course farouche
Et vomissant la mort par une triple bouche.

En face, à l'autre bord brillait une oasis
Couverte de palmiers, de cygnes et de lis
Où de blancs pénitents dans de blancs paysages
Psalmodiaient l'office avec les vierges sages.

Des milliers de nageurs franchissaient les courants
Et Léon distinguait des frères dans leurs rangs.
Mais les uns, surchargés de cargaisons trop lourdes,
Pris par le flot sombraient avec des clameurs sourdes ;
D'autres touchaient au tiers, même aux trois quarts du lit,
Puis soudain, succombaient sous leur fardeau maudit,
Et leurs trésors épars couvraient les bancs de sable.
Et Léon qui voyait le fleuve inexorable
Rouler tant de corps morts et de biens saccagés
Tendait en vain sa corde à tous ces naufragés.

Alors d'autres nageurs s'élançant du rivage
Nus de la tête aux pieds, sans trousse ni bagage,
Bondirent sur les flots comme de blancs ramiers
Et dressèrent leur tente à l'ombre des palmiers.

Or, Léon dont le cœur était percé d'un glaive
Interrogea François sur le sens de ce rêve.
Et François répondit : « Tout ce songe est réel.
La riante oasis, ô mon fils, c'est le ciel ;
Le torrent furieux, c'est le monde qui passe ;
Les nageurs qu'engloutit le tourbillon vorace,
Ce sont les vils amants des choses d'ici-bas
Qui n'ont pas su mourir tout nus sur leurs grabats.
Quant aux blancs pénitents du jardin des délices,
Ce sont les amateurs de croix et de cilices
Qui tout resplendissants de sainte pauvreté
Sont entrés dans la gloire et dans l'éternité.

Le Duo des Humbles

Naguère, au temps où l'Ordre était un paradis,
Saint François et Léon, sa petite brebis,
Traversèrent un soir de si pauvres demeures
Qu'ils n'y purent trouver ni croix, ni livre d'heures.

La nuit qui descendait mystérieusement
Inspirait la prière et le recueillement,
Et des sommets lointains les cloches argentines
Conviaient les mineurs à réciter matines.

— Nous n'avons, dit François, aucun livre en ce lieu,
Pourtant, il faut chanter les louanges de Dieu.
Je vais dire : François, serviteur infidèle,
Tu mérites l'enfer où t'attend le Rebelle
Et toi tu répondras, baissant d'un double ton :
Tu mérites François l'enfer le plus profond.
— Bien, fit Léon qui, quoique étant docteur et prêtre,
Ne discutait jamais la parole du maître.
Et François se chargeant toujours de plus en plus
S'écrie : — Mes péchés sont si grands, ô Jésus,
Que l'enfer n'aura pas pour eux assez de flammes.
Mais Léon répondit : — Tu sauveras tant d'âmes
Que Dieu te donnera pour confondre l'Enfer
Le trône étincelant d'où tomba Lucifer.
— Quoi ! protesta le Saint, brebis folle et mutine,
D'où te vient cette audace et cette indiscipline ?
Obéis ! et tantôt quand je dirai : François,
Tu flagellas Jésus si fort et tant de fois,

Par tant d'iniquités publiques et secrètes,
Qu'un supplice éternel peut seul payer tes dettes
Tu répondras : — François, va-t-en chez les maudits,
Car ce n'est point pour toi qu'est fait le Paradis.
— Soit ! dit Léon. Alors le Séraphique Père
Pleurant et prosternant sa face contre terre
Cria son repentir au Père Tout-Puissant.
— Je suis le fils ingrat et désobéissant
J'ai comme le valet frappé ta face auguste
Et je n'attends de toi qu'un supplice très juste.
Mais Léon : — Non ! François, non ! tu seras béni,
Tu contempleras Dieu des siècles infinis.
Tu conduiras au ciel d'innombrables phalanges
Et ton trône sera porté par des archanges.

Stupéfait et craignant un piège du démon
Le Père de nouveau somma son compagnon
De par l'obéissance enjointe à tout novice
De chanter mot pour mot le répons de l'office.
Je vais dire : — François, misérable François
Cœur plus dur que le roc où l'on planta la Croix
Colonne de scandale et brandon de discorde
As-tu le moindre titre à la miséricorde ?
Et toi, chère brebis de Dieu, frère Léon
Au nom du Justicier tu me répondras : non !
Mais Léon répondit : — Ce Dieu dont la clémence
Couvre tous tes péchés comme une mer immense
Débordera pour toi de grâce et de bonté
Et quand tu partiras pour son éternité
L'Eglise couvrira de fleurs et d'aromates
Ton corps chétif empreint de ses sacrés stigmates.

Le visage du Saint était éblouissant
Et de ses pieds percés coulait un flot de sang.

Tremblant encor malgré ces célestes promesses :
— D'où vient, frère Léon, dit-il, què tu transgresses
Un ordre que je t'ai tant de fois intimé ?
— O Père, mes répons plaisent au Bien-Aimé
J'ai voulu par trois fois psalmodier les vôtres
Par trois fois le Seigneur m'en a fait chanter d'autres.
Dieu le sait ! Je ne puis vous répondre autrement
C'est Lui qui par ma voix vous parle en ce moment.

Ce fut dans ce combat de l'humilité sainte
Qu'ils passèrent la nuit pleins d'espoir et de crainte
Se consolant l'un l'autre et poussant tour à tour
De grands cris de détresse et de grands cris d'amour.

Le Miracle de la Pomme

Ce jour-là, tout le peuple acclamait saint François
Car, en vertu d'un bref du pape Innocent Trois
L'apôtre restaurant l'usage évangélique
Prêchait le jubilé sur la place publique.

La peste qui fauchait des milliers d'habitants
Jetait aux pieds du Saint les plus impénitents.
Tout spadassin vivant de meurtre et de désordre
Aspirait à mourir au moins dans le Tiers-Ordre.

Les époux des Ursins hauts et puissants seigneurs
Dont le fief abritait trois cents frères Mineurs
S'y rendirent avec tous leurs gens de service
Ne laissant au logis que Marthe leur nourrice
Et Francesco l'aîné de leurs deux fils jumeaux
Tenu par saint François sur les fonts baptismaux.

Penchés sur un missel aux naïves images
La nourrice et l'enfant en feuilletaient les pages
Et l'enfant s'endormit bientôt sur le missel.

Or Marthe voyant là, comme un répit du ciel
Courut d'un bond se joindre au peuple bénévole
A qui François rompait le pain de la parole.

Mais au retour — revanche atroce de Satan
Qui décochait ce trait au divin Pénitent,
L'enfant de tant d'espoir et de tant de prière,
Gisait, tombé du lit, au fond d'une chaudière

Et le cri de la mère atterrait la maison.

Or, pendant que François était en oraison
S'offrant comme victime en rançon de nos fautes
Jésus lui révéla l'affreux deuil de ses hôtes.
Le Séraphin d'Assise en frémit dans son cœur
Et s'écria : — J'irai dîner chez ce Seigneur.

Dès qu'il parut, le couple interrompant la plainte
Dit : Pratiquons d'abord l'hospitalité sainte
Et cachant l'enfant mort dans un coffre fermé
Ils firent à François l'accueil accoutumé.

L'on servit. . et le Saint pour bercer leurs détresses
Epanchait en leurs cœurs ces saintes allégresses
Qui font des jours vermeils de nos jours les plus noirs.
Il disait comment Dieu, pour consoler nos soirs
Met des suavités dans tous les sacrifices
Et sature de miel les plus amers calices.
Et tant qu'il leur parlait le charme était si fort
Qu'ils en oubliaient tout, même leur enfant mort.
Où bien s'ils y pensaient, c'est comme on pense aux anges,

Et leurs fronts s'éclairaient de sourires étranges.

Au dessert, souriant et pleurant à la fois :
Votre repas dit-il, est un repas de roi.
Mais vous n'ignorez pas qu'un moine n'est qu'un homme
Et qu'il dîne fort mal s'il ne mange une pomme.
— Enfants ouvrez ce coffre et vous en trouverez.

A ces mots, les parents interdits et navrés
Sentant la mort passer sur leur face livide
Protestèrent au Saint que le coffre était vide.

Ouvrez toujours ! dit-il, candide et souriant
Toute pomme ridée est bonne au mendiant.

Obéissant, malgré l'angoisse qui les navre
Ils s'avancent tout prêts à voiler le cadavre
Pour cacher au bon Saint dont le cœur a frémi
Les restes effrayants de son petit ami.
Ils soulèvent tremblant le couvercle... ô merveille !
L'enfant debout, l'œil vif et la face vermeille
Bondissant hors du coffre avec un cri soudain
S'élance vers François une pomme à la main.

Saint François et les Hirondelles

Un jour le Père Séraphique
Par un peuple immense acclamé
Prêchait sur la place publique
Criant : L'Amour n'est pas aimé !

Or, sur clochetons et tourelles
Allant et venant vers leurs nids
De joyeux essaims d'hirondelles
Se croisèrent en vols infinis.

Menant de pair jeux et querelles
Elles dissipaient les fidèles
Et tant par noise que par cri
Empêchaient François d'être ouï.
Lors, François se tournant vers elles
En ces mots les admonesta
Dont je n'altère un iota :
— Tout doux ! gentilles sœurs arondes
Assez de cris, assez de rondes
Vous avez jasé tout le jour
Laissez moi parler à mon tour.
Posez-vous sur toits et corniches
Oyez la parole de Dieu
Et ne bougez plus de ce lieu
Que Saints ne bougent de leurs niches.

Lors, comme par secrets instincts
Nos sœurs arondes s'étant tues
Se tinrent es niches de Saints
Immobiles comme statues

Croyant jusqu'au bout le sermon
Comme êtres doués de raison,

Et bénissant leur troupe folle :
— Mes sœurs, dit le Saint Pénitent,
Je vous rends franchise et parole
A vous de prêcher maintenant ! »

D'arondes ne voudrais médire
Mais foi d'honnête chroniqueur
Deux fois ne se le firent dire
Et jamais plus naïf délire
Plus joyeux cri d'enfant de chœur
Ne monta vers le Créateur.

Les gens du lieu tant s'ébahirent
A voir ce miracle inouï
Que les trois quarts se convertirent.

Colloque de la Joie parfaite

Un soir d'hiver François et Léon son émule
Se rendaient de Pérouse à la Portioncule.
Tantôt ils devisaient, tantôt restaient songeurs
Et la neige fouettait le front des voyageurs.
— O Léon, plût au ciel que le Mineur austère
Fut le flambeau du monde et le sel de la terre.
J'en louerai Dieu ! Pourtant à bien l'envisager
Ce ne serait encor qu'un bonheur mensonger.

Et plus loin : — O Léon si chaque soir à vêpres
Le Mineur guérissait les cancers et les lèpres
Redressait les bossus, ouvrait l'oreille aux sourds
Même ressuscitait les morts de quatre jours
Quel prestige ! Et pourtant si le ciel nous l'octroie
Ecris que là n'est pas la véritable joie.

Ayant dit un *Pater* en silence, il reprit :
— Si le Mineur comblé des sept dons de l'Esprit
Possédait mot pour mot toutes les Ecritures
Savait les faits passés et les choses futures
Capturait les démons dans ses filets vainqueurs
Et sondait comme Dieu tous les replis des cœurs
Distingue bien, mon fils, le froment de l'ivraie
Ces dons ne seraient point la félicité vraie.

Ayant marché le temps de dire un chapelet :
— O Léon, fit encor le Saint, si Dieu voulait
Que le Mineur comptât les étoiles sans nombre
Qui brillent chaque soir dans le firmament sombre,

Surprit tous les secrets de l'immense univers
Que l'abime des cieux à l'abime des mers
Nos cœurs éclateraient à chanter ce poème...
Et pourtant là n'est pas la volupté suprême.

Il se tut, récita matines bras en croix
Puis reprit : — Le bonheur n'est pas ce que tu crois
Car même à supposer qu'un jour le Divin Maitre
Dans le champ des Mineurs menât ses brebis paitre
Et que la Maison mère enfantât tant de Saints,
Que tous les mécréants se fissent capucins.
Si délirant que fut notre cri de victoire
Ce ne serait encor qu'un bonheur illusoire.
Puis alors s'inclinant sur la croix du chemin
S'abima corps et âme en son rêve divin.
Mais Léon le tirant par son manteau de bure :
— Père, où se cache donc la félicité pure ?

Et le Saint, pur esprit dans le corps rappelé
Lui répondit avec un sourire étoilé :
— Quand nous aurons atteint Notre-Dame des Anges
Morts de froid, tout couverts de ronces et de fanges
Et qu'affamés, meurtris, cinglés de coups de vent
Nous frapperons tous deux aux portes du couvent,
Si le portier tournant vers nous ses yeux sévères
Dit : « Qui donc êtes-vous ? — Hélas ! deux de vos frères
— Vous des frères ! Sortez ribauds sans feu ni lieu
Qui dérobez le pain des vrais pauvres de Dieu
Et sous un froc menteur trompez les bonnes âmes.
— Alors, si nous chassant comme des gens infâmes
Il nous jette à minuit dans le grand désert mort
Sous la neige qui tombe et la bise qui mord
Ne dis pas, ô Léon que l'épreuve est trop rude
Car nous nageons enfin dans la béatitude.

Mieux encor ! Si contraints par la chair aux abois
Nous sonnons le portier pour la seconde fois
Cherchant à l'attendrir par je ne sais quels charmes
Le priant à genoux, avec cris, avec larmes
De nous jeter au moins sur l'escalier rugueux,
Le pain du mendiant et la paille du gueux,
Mais qu'alors brandissant son lourd bâton d'érable
Il s'avance plus sombre et plus inexorable
Et de son poing crispé tirant nos capuchons
Nous arrache du seuil où nous nous réchauffons.
Alors, si nous souffrons sans trouble et sans murmure
La morsure du vent et celle de l'injure,
Si nous remercions tous deux le Roi des rois
De nous associer aux tourments de sa croix
Ecris, frère Léon, que c'est un jour de fête
Car Dieu nons donne enfin la volupté parfaite.

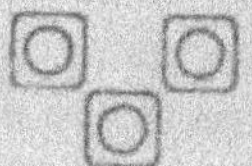

Cantique du Soleil

C'est à vous seul, ô Dieu très juste et très puissant
Qu'appartient le tribut de l'hymne et de l'encens.
Aucun luth n'a pour vous d'assez divins poèmes.
Votre nom est trop saint pour les anges eux-mêmes ;
C'est à vous seul, ô Dieu très juste et très puissant
Que revient le tribut de l'hymne et de l'encens.

Soyez loué Seigneur pour toutes les merveilles
Dont vous réjouissez nos yeux et nos oreilles.
Pour l'aurore candide et le couchant vermeil
Pour notre frère aîné, messire le soleil.
Beau comme un séraphin il vous rend témoignage
Et pourtant il n'est qu'un reflet de votre image.

Soyez loué Seigneur, dans tous nos chants d'amour
Pour le bleu firmament, la lune et les étoiles
Pour notre sœur la nuit plus belle que le jour
Pour tous les astres d'or qui brillent sous ses voiles.

Soyez loué Seigneur pour nos grands frères l'Air
Le Nuage, le Vent, le Tonnerre et l'Eclair
Car c'est par leurs vertus et leurs métamorphoses
Que votre bras soutient les hommes et les choses.

Dans les cieux infinis, soyez loué Seigneur
Pour l'Eau notre très humble et très utile sœur,
Pour le fleuve profond et pour l'océan vaste
Où vous accumulez son flot limpide et chaste.

Louons Dieu pour le Feu notre frère vermeil
Qui dissipe la nuit comme un autre soleil.

Louons Dieu pour la Terre âme et giron du monde
Qui nourrit tous ses fils de sa glèbe féconde.
Elle est mère, Dieu nous a faits de ses limons,
Elle garde en son sein tous ceux que nous aimons.

Loué soit le Seigneur pour notre sœur austère
La Mort qui va fauchant tous les fils de la terre.

Malheur à qui l'attend chargé de poids trop lourds
Heureux le pénitent plein d'œuvres et de jours
Qui l'accueille sans crainte avec un doux sourire
Car la seconde mort ne pourra pas lui nuire.

Loué soit le Seigneur très haut et très puissant
Qui Seul a le tribut de l'hymne et de l'encens.

Sermon aux Oiseaux

Il était l'ami des petits oiseaux
Dès qu'il franchissait le mur de clôture
Ils accouraient tous par monts et par vaux
Comme des parents pour une vêture.
Picorant les grains tombés des rameaux
Sur les plis rugueux de son froc de bure ;
Il était l'ami des petits oiseaux.

Au temps où l'hiver les chasse par bandes
Loin de nos climats inhospitaliers
Ils vinrent un jour par foules si grandes
Si beaux de plumage et si familiers
Qu'on eût dit des fleurs dans les plate-bandes
Et des grappes d'or sur les espaliers,
Au temps où l'hiver les chasse par bandes.

Attirés vers lui par d'obscurs instincts
Ils lui gazouillaient de vagues requêtes
Comme les enfants que la mère allaite
En font au berceau pour avoir le sein.
Et lui, radieux d'être à telle fête
Epanchant son cœur d'artiste et de Saint
Leur tint ce discours que les hirondelles
Approuvaient parfois d'un battement d'ailes
Car l'oiseau comprend la langue des Saints.

Mes petits frères les oiseaux
Merles, bouvreuils, pinsons, mésanges,
Chanteurs des bois, chanteurs des eaux
Rois des moissons et des vendanges
Pour tous ses dons vieux et nouveaux
Avec les Saints, avec les anges,
Louez Dieu qui vous fit si beaux.

Vous ne savez tirer l'aiguille
Vous naissez dans le dénûment
Mais en bon père de famille
Le Père du ciel vous habille
D'un double et triple vêtement.

Il n'est camail qu'il ne vous tisse
A peine éclos il vous revêt
D'une tunique de duvet,
Il la couvre d'une pelisse,
D'un plumage éclatant et lisse
Où glisse sans qu'on l'essuie
La goutte de pluie.

Avec tous les tons des aurores,
Il peint vos dos multicolores,
Vous portez des manteaux de roi,
Beau roitelet, tu peux m'en croire,
Jamais Salomon dans sa gloire
Ne fût si bien vêtu que toi.

Vous ne faites pas de semence,
Vous ne fauchez pas de moissons,
Mais Dieu qui voit votre indigence
Par les guérets et les buissons,
Vous fait trouver en abondance
La nourriture et les chansons.

En août, quand la source épuisée
S'exhale en subtiles vapeurs,
Pour votre soif inapaisée,
Il vous fait boire la rosée
Dans le calice de ses fleurs.

Vous n'êtes pas nés architectes,
Mais Dieu vous donne pour maison
Ses firmaments peuplés d'insectes
Que vous happez dans un rayon.

Pour abriter vos chers petits,
Notre commun Seigneur et Père
Vous fait trouver dans ses granits,
Sur ses cathédrales austères,
Dans ses sapins et ses fougères,
Des thébaïdes passagères,
Où vous allez cacher vos nids.

Vous le savez bien, hirondelles,
Vous qui nichez
Dans les tourelles
De ses clochers,
Qui souvent même, troupe folle,
Vous ébattant dans le Saint Lieu,
Troublez de vos cris la parole
De Dieu.

Vous ne savez pas l'harmonie,
Et cependant soir et matin,
Vous modulez des symphonies
Qui sont comme un écho lointain
Du cantique des séraphins.

Ah ! quel artiste, quel poète,
Pour saluer l'aube du jour,
Trouvera jamais, alouette !
        Ton cri d'amour.

Et quand les roses taciturnes
Inclinent tristement leurs urnes
        Vers le sol,
Quel chantre dira tes nocturnes,
        Rossignol ?

Donc, louez Dieu, charmants poètes,
Si haut que monte votre vol,
Le matin, comme l'alouette,
Le soir, comme le rossignol.

A tout heure, en tout lieu,
Louez Dieu ! louez Dieu !

Saint Louis et Frère Egide

Au temps où Saint Louis, de retour des Croisades,
Rentrait dans ses Etats, par villes et bourgades,
Ayant ouï vanté par maints dévots Seigneurs,
La sainteté d'Egide et des Frères-Mineurs,
Il vint frapper, un soir, au seuil du monastère
Que gouvernait alors ce pieux solitaire.

Sans décliner son nom connu du monde entier,
Il fit mander le saint par le frère portier,
Puis, souriant, s'assit parmi les pauvres hères,
Qui quêtaient au parloir la desserte des frères.

Au même instant, Egide, alors en oraison,
Loin du bruit, dans un lieu secret de la maison,
Entendit une voix disant : Fais diligence,
Un mineur ne fait pas attendre un roi de France.

Il se lève aussitôt et court lui faire accueil.

Or, dès que leurs regards se croisent sur le seuil,
Sans s'être jamais vus, le monarque et l'apôtre
Se jettent à genoux dans les bras l'un de l'autre.

Cœur à cœur, joue à joue, unis étroitement
Dans un mystérieux et tendre embrassement,
Se versant à pleins bords dans ce baiser des âmes,
Tout ce que leurs deux cœurs recelaient de dictames.

Pendant longtemps, le prince et le moine éperdus,
Dans ce baiser divin restèrent confondus,
Sans faire un mouvement, sans dire une parole,
Tout le langage humain leur paraissait frivole.

Ils se lèvent, enfin, muets et radieux,
Et se quittent sans échanger un mot d'adieux.

Mais un frère convers, présent à l'audience,
Ayant voulu savoir, du cavalier servant,
Quel était l'étranger qui sortait du couvent,
Bondit en entendant ces mots : — Le roi de France !

Le bruit de cet accueil bizarre et décevant,
Ayant en un clin d'œil fait le tour du couvent,
Ses profès, invoquant l'honneur du monastère,
Vinrent s'en plaindre, en chœur, à leur révérend père,
Père, vous nous voyez tous fort scandalisés,
De ce qu'ayant reçu le prince des Croisés
Que réclamaient pour roi les mécréants d'Asie,
Vous n'ayez pu trouver deux mots de courtoisie.

— Chers fils, ne soyez pas émus plus qu'il ne faut,
Si ni le roi, ni moi n'avons dit un seul mot,
Il est des profondeurs d'extase et de mystère
Que ne peut exprimer aucun mot de la terre.
Notre baiser ne fut qu'un brûlant entretien,
Je lisais dans son cœur, comme lui dans le mien,
Et Dieu les pénétrait de clartés si sublimes
Que nous en parcourions les coins les plus intimes,
Nous connaissant bien mieux par ces transports si courts
Que d'intimes amis par vingt ans de discours.

Vos reproches, mes fils, partant de bonnes âmes,
Et me garde le ciel d'y voir sujet de blâmes !
Mais sachez que le roi nous quitte, en ce moment,
Plus radieux qu'au jour de son couronnement.

Les Mendiants

Ayant fait route à jeun d'Albe à Santa Crosé,
François mourant de faim dit à frère Massé :
— Voici la ville ! allons suivant la règle austère
Quêter le pain du jour du riche de la terre ;
J'entrerai par le Nord et toi par l'Orient.

Et chacun parcourut la ville en mendiant.

François, maigre et chétif dans ses vêtements rudes,
N'avait rien qui flattait l'orgueil des multitudes,
Effarant tous les seuils de ses grands yeux fervents,
Qui plongeaient dans un monde interdit aux vivants ;
Il n'obtint, bien qu'ayant quêté selon la règle,
Que de vagues débris de pain d'orge et de seigle.

Massé d'un port auguste avec sa barbe en fleur,
Vieux podestat caché sous le froc de Mineur,
Avait comme un secret prestige en sa démarche,
Et mendiait avec des airs de patriarche.
Bien vu des gens de robe et des gens de métiers
Il reçut dix morceaux et quatre pains entiers.

Le soir, sur les sommets hantés de loups voraces,
Les deux frères quêteurs vidèrent leurs besaces,
Et François admirant le butin de Massé
— Quel trésor ! ô mon fils, quel trésor amassé,
Et quel festin royal Dieu nous sert par les anges !
Et comme il répétait ces paroles étranges :
— Quel banquet, dit Massé, nous apparait soudain
Dans cet affreux désert où nous mourons de faim ?

Sans ce bloc qui verdoie et cette eau qui ruisselle,
Je ne vois ni régal, ni table, ni vaisselle,
Pas même le repas frugal des vendredis,
Et pas même une table où poser ce pain bis.
— O dureté des cœurs trop couchés sur la terre
Mais c'est justement là qu'est le divin mystère !
Le trésor, c'est le cœur très grand du Dieu très-haut
Qui nous prodigue tout quand tout nous fait défaut.
Vois ! table, pain, nectar nous avons tout en somme
Et nous ne devons rien au commerce de l'homme.
— Père, ce pain rassis frappe bien mon regard,
Mais je ne vois encor ni table ni nectar.
— La table !... mais dis-moi quel marbre de Carrare
Vaudra jamais ce bloc poétique et bizarre
Semé de boutons d'or et de papillons bleus
Où brille pour seul mets le Pain mystérieux ?
Et pour calmer la soif après ta longue course
Est-il un cru pareil au flot de cette source
Où les cieux infinis reflétant leur splendeur,
Et qui chante avec nous son hymne au Créateur,
Bruyante sur les rocs, câline sur la mousse,
Et sur le sable fin très berceuse et très douce ?...
Tu le sais, les seigneurs très hauts et très cléments,
Trônant par les tournois et les couronnements,
Traitent leurs ducs et pairs dans de splendides salles,
Peintes aux quatre murs de toiles colossales.
Ils mandent à grands frais des plus lointaines cours,
Poètes et sculpteurs, peintres et troubadours,
Afin d'éterniser leurs fêtes sans pareilles,
En enchantant les cœurs, les yeux et les oreilles...

Mais qu'est-ce là, mon fils, en regard des splendeurs
Que déroule à nos pieds le Seigneur des seigneurs !

Quel palais que ce val charmant ! et quelles fresques
Que cet encadrement de cimes pittoresques,
De vignes, d'oliviers, de prés et des roseaux
Où gazouillent nos petits frères les oiseaux !
Admire comme Dieu peint en une seconde
Pour embellir les soirs et réjouir le monde,
Ce vaste embrasement de l'orient vermeil,
Troué de pourpre et d'or où s'endort le soleil !
Commande à Baptista de sculpter des pilastres,
Pareils à ce volcan qui vomit les désastres,
Va dire à Thaddéo de peindre ce couchant !

Plus déclinait le jour, plus s'élevait le chant ;
Le séraphin brillant s'envolait jusqu'aux cimes
Où le Verbe de Dieu se dévoile aux intimes ;
Les ténèbres en vain flottaient autour de lui,
Le Saint nimbé de gloire illuminait la nuit !
Un dernier cri d'amour fit déborder le vase
Et les deux mendiants tombèrent en extase.

Aux premiers feux de l'aube, ils étaient encor là,
Immobiles, les yeux fixés sur l'au delà,

Réconfortés là-haut par le pain du mystère,
Ils n'avaient que dégoût pour les mets de la terre,
Et rien ne les tentait des choses d'ici-bas.

Quant au pain de la quête, ils n'y touchèrent pas.

Noces d'Or

Tout jeune, il a connu le Séraphique Père,
A ses doctes leçons tout jeune il s'est formé
Et voilà cinquante ans qu'il suit sa règle austère
Et trente ans qu'il conduit son troupeau bien-aimé.

Toujours debout, scrutant les monts et les vallées,
Il est le bon pasteur vigilant et béni
Qui conduit ses brebis aux cimes étoilées,
Où l'herbe a des parfums d'extase et d'infini.

Les bourrasques en vain font ruisseler leurs ondes,
En vain rôdent les boucs, les renards et les loups,
Il nous cache, tantôt dans les cryptes profondes,
Tantôt sur les sommets où resplendit l'Epoux.

Et nous vivons toujours et nous dressons nos tentes,
Et nous nous rassemblons plus nombreux que jamais,
Et si nous n'avons pas de cités permanentes,
Nous n'en montons que mieux vers les divins sommets.

C'est là qu'au dernier jour, dans les clartés sans voiles,
Nous le verrons s'asseoir sur le trône vermeil,
Où l'agneau le ceindra d'une robe d'étoiles,
Et changera ses pleurs en rayons de soleil.

Mais lui, dans ses ardeurs de pasteur et de père,
En dépit des splendeurs de son trône de feu,
Se souviendra toujours de ses fils de la terre
Et plaidera leur cause au tribunal de Dieu.

Et si Satan jaloux les pousse en purgatoire,
Le bon Recteur, faisant comme autrefois l'appel,
Viendra les abriter sous son manteau de gloire,
Et nous entrerons tous avec lui dans le ciel.

OUVRAGES DE ZÉNON-FIERE [1]

Le Roman populaire, in-8°, Lyon, 1874.
Les Sources de l'Histoire, in-8°, Valence, 1875.
Les Deux Méthodes Historiques, in-8°, Paris, 1875.
Après la Moisson, poèmes, in-8°, Paris, 1876.
Les Artistes de la Drôme au Salon de 1876, in-8°, Paris.
Les Artistes de la Drôme au Salon de 1878, in-8°, Paris.
Les Artistes Dauphinois à l'Exposition Universelle, in-8°, Paris, 1878.
Sous l'Eventail, poèmes, in-8°, Paris, 1878.
Les Artistes Dauphinois au Salon de 1879, in-8°, Paris.
La Bourne, poésie, in-8°, Paris, 1879 (en collaboration avec M. L. Fabre des Essarts).
Les Enfants naturels devant la loi (Thèse de doctorat).
Le Mythe de Castor et Pollux.
La Révolution devant l'Histoire.
Les Candidats à l'Académie Française, in-8°, Paris.
Les Poètes Contemporains, études littéraires.
L'Art Réaliste, études de critique littéraire et de critique d'art.
Jeanne Hachette, drame national en 5 actes et en vers.
Le Livre des Ames, Paris-Lemerre, 1888.
Werchessesburg, légende macabre, Paris, Bayle et Cie (en collaboration avec Louis Fière).
Le Chant du Cygne, poèmes, Paris-Lemerre, 1904.
A Saint François d'Assise, poèmes posthumes (Galerie Drômoise), Valence-sur-Rhône, 1926.

---

1 Bibliographie établie d'après les Collections Louis Fière et Victor Colomb.

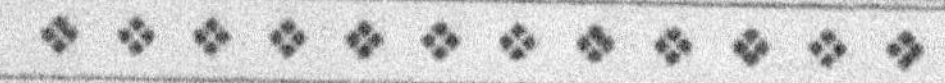

CET OUVRAGE, LE CINQUIÈME DE LA « GALERIE DRÔMOISE » A ÉTÉ ACHEVÉ D'IMPRIMER LE 30 NOVEMBRE 1926, SUR LES PRESSES DE L'IMPRIMERIE VALENTINOISE, A VALENCE-S/-RHONE.

ERRATA

Page 25, 3ᵉ quatrain, 2ᵉ vers, lire : *étincèle*

Page 91, 13ᵉ ligne,
lire après (Thèse de doctorat) : *Paris-Derenne, 1881.*

www.ingramcontent.com/pod-product-compliance
Ingram Content Group UK Ltd.
Pitfield, Milton Keynes, MK11 3LW, UK
UKHW021556260726
13993UKWH00002B/863